www.ingramcontent.com/pod-product-compliance
Lightning Source LLC
Chambersburg PA
CBHW050355120526
44590CB00015B/1705

سقوط الجمهورية

Author/Publisher
Khaled Homaidan

Toronto – Canada

Reference # CMC31/22
Phone: 1.647.977.6677 - 1.647.242.0242
E-Mail: cmcmedia@rogers.com

المجموعة الكاملة

(6)

سقوط الجمهورية

منشورات خالد حميدان
تورنتو ـ كندا

الطبعة الثانية ـ 2022

خالد حميدان

سقوط الجمهورية

الطبعة الأولى - ٢٠١٣

Author: Khaled Homaidan - المؤلف: خالد حميدان

Publisher: Khaled Homaidan
khaled.homaidan@gmail.com

Address: 58 Pinecrest St. Markham ON, L6E 1C2
CANADA

Title: Sokoot المجموعة الكاملة (6) سقوط الجمهورية

Language: Arabic

Reference #: CMC31/22

ISBN: 9781778198250

تصميم الغلاف والإخراج للمؤلف

*****

طبعة ثانية منقحة ومضاف إليها

جميع الحقوق محفوظة للمؤلف

All rights reserved © Khaled Homaidan 2022

Phone: 1.647.242.0242

E-Mail: khaled.homaidan@gmail.com

إهداء

إلى شباب وأطفال لبنان
المتطلعين إلى غدٍ واعدٍ مشرق
أهدي هذا الكتاب..

لبنان ليس دونكم لبنان..
فانفضوا عنكم غبار القلق والخوف
ولا تلزموا الصمتَ بعد اليوم
بوجه الدّعاة المحرّضين والأولياء المقنعين..
بل تبلّغوا وبلّغوا..
وارفعوا الرايات عالياً..!
فما عاد يقبل بكم الوطنُ مهزومين
في شرنقةٍ حريريةٍ تقفل على ذاتها.
بل يريدكم قوةً لو فعلت
تتحولُ إلى فراشةٍ وتخرج إلى النور..

خالد حميدان

المقدمة

لدى قراءة عنوان هذا الكتاب "سقوط الجمهورية"، يجب ألا يتبادر إلى الذهن أننا أمام معضلة مستعصية واقعية طاولت الوطن، في أرضه وشعبه، وقضت على كل ما فيه من أحلام وتطلعات. كما أنه يجب ألا يغيب عن بالنا بالمقابل، ما يمليه علينا الدور الوطني في تثبيت آمالنا وأحلامنا على أرضنا، ذلك أن الوطن الذي لا مكان فيه لأحلام أبنائه، هو بحكم الواقع مصاب بالعقم والشلل، وإن لم يسقط بعد، إلا أنه مهدد بالسقوط في أي وقت..!

وإن كنا قد اخترنا "سقوط الجمهورية" عنواناً لهذا الكتاب عن سابق إصرار وتصميم، فليس من باب الإحباط أو إدخال الرعب إلى نفوس المواطنين، ولا للتوقع بسقوط الجمهورية اللبنانية التي نريد لها تبوء أرقى المراتب بين دول العالم بدوام الاستقرار والازدهار، وإنما للتنبيه والدعوة إلى تضافر الجهود لإجراء ما يلزم من تدابير وقائية ممكنة قبل فوات الأوان. إن ما يحصل في لبنان اليوم، من جراء المهاترات والتجاذبات بين السياسيين والانتهاكات الأمنية العبثية في تحدٍ للدولة والقانون، لهو حدث شاذ لا يمكن علاجه إذا ما وقعت الواقعة، بعبارة "لا غالب ومغلوب" كما جرت العادة في السابق بعد كل جولة سياسية أو أمنية. إن التمادي في مثل هذا الجو قد يؤدي إلى سقوط الوطن وتشريد المواطن، ولن يكون هناك في النهاية غالب ومغلوب، بل عدمٌ يطال الجميع ويرمي الجمهورية في مهب الريح والمجهول..

إن المعضلة الأساسية التي يعاني منها لبنان، تتمثل بالعصبية الطائفية التي قامت مع قيام الكيان اللبناني في العشرينات من القرن الماضي بدءاً بمراحل الانتداب فمراحل الاستقلال وصولاً إلى المراحل المضطربة التي يعيشها اليوم من جراء فقدان المناعة

الوطنية. وكان المستعمر في كل عهد، يستخدم ذات الوسيلة في إذكاء الأحقاد الدفينة بين الطوائف، لإثارة الفتنة وإحكام السيطرة على الجمهورية.
كنا ننتظر، على امتداد سبعين عاماً من الاستقلال، أن يخرج لبنان من مستنقعات التبعية والطائفية التي خلفتها مراحل الانتداب والاستعمار ليعبر إلى الدولة العلمانية ويقيم المواثيق المدنية بدلاً من المواثيق المذهبية التي استمرت في تكبيل المواطن بقيودها الخانقة والقاتلة أحياناً، حتى وصلنا إلى ما وصلنا إليه اليوم من تشنجات وانحرافات صرفتنا عن الوطن. والغريب في الأمر أنه بالرغم من وضوح الداء الذي ينخر في الجسم اللبناني ويعطل فيه معظم المرافق الحيوية، نجد جهابذة الطاقم السياسي الذين يدَّعي بعضهم نظرياتٍ علمانية ومدنية، يعملون على اقتراح الحلول المختلفة للخروج من الأزمة المستفحلة دون أن يتعرضوا، ولو لمرة واحدة، إلى وباء الطائفية السياسية التي تتحكم في قراراتهم وممارساتهم وكأنها الخط الأحمر الذي يقف عنده الجميع وبتوافق الجميع. وهذا ما يشير إلى هشاشة الفكر والالتزام المبدئي الذي يعاني منه لبنان وقد بات الوضع ينذر بالانفجار..

*****

إن قيام الدولة المدنية العلمانية في لبنان، لا يعني مطلقاً نصب العداء للأديان السماوية أو إقصاء المؤسسات الدينية عن دورها الإرشادي والخدماتي. وإنما المقصود هو قيام دولة قوية متحررة من قيود الطائفية وحاضنة لجميع الأديان والطوائف على ثوابت وطنية أهمها:

أولاً: تعميق الإطلاع لدى المسيحيين كما المسلمين، على جوهر الرسالات السماوية التي تلتقي على المحبة والسلام وتوصي بالقيم الانسانية الجمالية، انطلاقاً من حتمية الشراكة الوطنية بين أبناء

الوطن الواحد. وهكذا بدلاً من أن يتساوى المسلمون والمسيحيون في جهل بعضهم بعضاً دينياً وتاريخياً، يتساوون في المعرفة والانفتاح واحترام البعض لمعتقد الآخر..

ثانياً: إعادة كتابة التاريخ اللبناني بعيداً عن إثارة الحساسيات الدينية والمناطقية والاقليمية وتعريف الأجيال الطالعة، وهم على مقاعد الدراسة، بنتاج طلائع اللبنانيين المبدعين، في الوطن كما في المغتربات، الذين أغنوا الحضارة الانسانية بعلومهم وفلسفاتهم واكتشافاتهم، لتكون حافزاً لهم على العطاء والإبداع.

ثالثاً: التعاطي مع تطورات المنطقة بصفة الشريك المعني بالمستجدات الأمنية والاقتصادية والاجتماعية وخاصة أننا نواجه عدواً واحداً متربصاً بحقنا وأرضنا ولم ينته صراعنا معه بعد. أضف إلى ذلك أن لبنان لا يمكن له أن يعيش في عزلة عما يدور في مداه القومي، شئنا أم أبينا، لأنه معني بالقرار والمصير. إن الضياع الذي يتحكم بحياة شعبنا اليوم مردّه التخلي عن المشروع القومي الذي قام مبدئياً على رمال متحركة.. ومثل هذا التخلي عن الحق الطبيعي، سيفتح الباب على مصراعيه لكل الطامعين بالحق والسلطة بمن فيهم الأصوليات الدينية والتكفيرية (على أنواعها) التي تهدد المجتمعات العربية اليوم وتخطط لطمس التراث الوطني والمعالم الحضارية.

بقي أن نعوِّلَ على شباب وشابات لبنان ومؤسسات المجتمع المدني الذين ينتفضون اليوم لإسقاط النظام الطائفي والتأكيد على الرغبة الصادقة في بناء الدولة العلمانية المدنية القادرة على إدارة الشؤون الاقتصادية والاجتماعية والأمنية.. قد تطول المعركة وقد تتخذ المواجهات أشكالاً مختلفة، إلا أن الانتفاضة السلمية، تبقى الخطوة الواثقة لإحداث التغيير المنشود وبناء الوطن القادر على حماية

مواطنيه ورعاية جميع الأديان والطوائف التي تعيش في ظلاله..
أما كيف يمكننا أن نغير في هذا المشهد الذي يتراءى لنا في كل يوم وقد تحول صراعنا من أجل خلاص الجمهورية، إلى انهزام أمام التحديات المتلاحقة..؟

إنه النداء الوجداني الملتزم.. وهنا يكمن التحدي الكبير..!
الواجب يدعونا جميعاً إلى التوقف عنده وإعادة النظر بما يرضي الضمير، لإيجاد المخارج الناجعة التي تنقذ لبنان وتعيد له المناعة المفقودة، وليس في النهاية ما يبرر فشلنا واستسلامنا للسقوط..!
هلا سألنا أنفسنا.. ماذا ينتظرنا عندما تسقط الجمهورية..؟

تمهيـد

يعيش المواطن في لبنان اليوم واقعاً مضللاً بعد أن تجاوزت الأزمة السياسية كل الأعراف والتقاليد اللبنانية وأثيرت جملة من المواضيع التي اعتبرت العثرة على طريق الحل، من غير أن يُطرح موضوع الطائفية في العمق والوقوف عنده كأساس لكل المشكلات العالقة. لا بل على العكس، يقوم أهل النظام على اقتراح تشريعات جديدة للانتخابات القادمة تكرس الطائفية وتقطع الطريق على المنتفضين والمطالبين بالدولة العلمانية والتشريعات المدنية. وهكذا يتسابق جميع الأفرقاء السياسيين، بوقاحة وجرأة غير مسبوقتين، إلى إعلان ولائهم صراحة، للطائفة وليس للوطن..

وقبل الدخول في اضطرابات المرحلة الحالية الدائرة في لبنان، لا بد من إلقاء نظرة سريعة على مرحلتين هامتين مر بهما الكيان قبل قيام "جمهورية الطائف" في العام 1989 التي سنعتبرها في سياق هذا البحث، الجمهورية الثالثة:

الجمهورية الأولى: مرحلة الانتداب الفرنسي (1920 - 1943):

وهي فترة حكم فرنسا للبنان الذي خرج بتقسيمات "سايكس ـ بيكو" بعد سقوط الامبراطورية العثمانية، والتي تم تثبيتها لاحقا بقرارات عصبة الأمم المتحدة التي صدرت عام 1920 وأجازت نظام الوصاية أو الانتداب. وكان السوريون في هذه الفترة قد أعلنوا استقلال بلادهم ونصّبوا فيصل بن الحسين ملكا عليها، ولكن الفرنسيين رفضوا هذا الاستقلال وتقدمت قواتهم لتحتل دمشق بعد معركة ميسلون.

كانت البلاد السورية، التي خرجت بتقسيمات سايكس ـ بيكو بوصاية فرنسية، تتكون من سوريا ولبنان وسهول كيليكيا الواقعة

في الجزء الشمالي من سورية وتضم ألوية الاسكندرون وأنطاكية وأضنه ومرسين. وكانت هذه مساحة كبيرة نسبيًا يصعب على الاحتلال إدارتها خاصة في ظل الثورات السورية المتكررة، فعمد الفرنسيون إلى تمزيق وحدة هذا الوطن بحيث يكون للنصارى الموارنة المرتبطين بفرنسا دينيًا وثقافيًا منذ فترة طويلة، دولة خاصة بهم وعلى ولاء كامل لفرنسا، فجاء التقسيم كما يلي:

1ـ دولة لبنان الكبير وتضم إلى جانب متصرفية جبل لبنان، سهل البقاع وطرابلس وصيدا وبيروت وجبل لبنان.

2ـ لواء الاسكندرون وملحقاته، يعطى لتركيا (وهذا برأينا نوع من التواطؤ أو التسوية الحبية بين الفرنسيين والأتراك مقابل انسحاب فلول الجيش العثماني تأكيداً لانتصار فرنسا وانكلترا في الحرب العالمية الأولى).

3ـ وما تبقى يشكل دولة سورية، بحدودها المعروفة حالياً، مع إعادة تقسيم ولاياتها لتصبح أربع: حلب وجبل الدروز وجبل العلويين (النصيريين) ودمشق.

وقد ظلت دولة لبنان الكبير خاضعة للانتداب الفرنسي حتى نالت استقلالها بعد الحرب العالمية الثانية.

الجمهورية الثانية: مرحلة الاستقلال الوطني (1943 - 1989):

رفض المسلمون في أكثريتهم، الكيان اللبناني لأنه قام لمصلحة مسيحيي لبنان بحماية فرنسية، وقد جعلت الدولة الجديدة منهم أقلية، وهم الذين كانوا جزءاً من الأكثرية المسلمة في العهد العثماني. وقد كانت أمنيتهم الانضمام إلى الدولة السورية الكبرى حيث الأكثرية المسلمة الحاكمة، وهذا ما لم يتحقق..

وكان إصرار فرنسا أن يعترف المسلمون بالكيان اللبناني لقاء توقيعها على معاهدة الاستقلال. وفي العام 1943، كانت قد تبلورت الصيغة اللبنانية التي اقترحها بشاره الخوري ورياض

الصلح والتي تقضي بالتوفيق بين الولاء الوطني للكيان اللبناني والولاء القومي العربي، إلى أن تحولت تلك الصيغة إلى ما سمي بـ "الميثاق الوطني" الذي قام على المعادلة التالية: من أجل بلوغ الاستقلال، على المسيحيين ان يتنازلوا عن مطلب حماية فرنسا مقابل تنازل المسلمين عن طلب الانضمام إلى الداخل السوري. وهكذا قامت الجمهورية الثانية، "دولة الاستقلال".

كان المسيحيون (والموارنة بشكل خاص) سنة 1920 عند اعلان دولة لبنان الكبير، في ذروة نهضتهم ووحدتهم. وكانوا يتوقون بعد مئات السنين من حكم المماليك والعثمانيين إلى أن يكون لهم كيان مستقل، فتمّ اعطاؤهم لبنان الكبير حيث نالوا فيه المراكز والسلطة والامتيازات. غير أنه كان مسرحاً للاضطرابات الأمنية والسياسية اتخذت في معظمها الطابع الطائفي، من الانقلاب الأبيض على الرئيس بشارة الخوري (1952)، إلى الثورة المسلحة ضد عهد كميل شمعون (1958)، إلى الاضطرابات المسلحة مع الفلسطينيين عامي 1969 و1973، ثم الحرب الأهلية (1975) التي دامت أكثر من خمسة عشر عاماً لتنتهي في اجتماع الطائف عام 1989.

وخلال هذه المرحلة من تاريخ لبنان، ظلت أصابع الانتداب الفرنسي ممتدة إلى الداخل اللبناني وممسكة بفتيل الفتنة لإشعاله عندما تدعو الحاجة، كما أن بعض القوى المتطرفة من الميليشيات المسيحية تورطت في تعاملها مع إسرائيل، مما سهل على القوات الإسرائيلية اجتياح جنوب لبنان عام 1978 واحتلاله عام 1982. وكان بنتيجة الرهان الخاطئ للميليشيات المتطرفة (باعتراف القادة المسيحيين أنفسهم) أن خسرت المارونية السياسية جزءاً كبيراً من امتيازاتها في تسوية اتفاق الطائف لمصلحة السنية السياسية الممثلة برئاسة مجلس الوزراء، وهي تعمل اليوم من ضمن تحالفات سياسية، لحفظ المشاركة في الحكم على أساس المناصفة بين المسلمين والمسيحيين.

الجمهورية الثالثة: مرحلة الانحلال (1989 - 2011)

تبدأ مرحلة الجمهورية الثالثة بعد اتفاقية الطائف التي كان لها الأثر الأقوى في تثبيت وقف الحرب الأهلية بين اللبنانيين لتبدأ مرحلة ما سمي بـ"إعادة الإعمار" أي إعمار ما دمرته الحرب. وكان على رأس ورشة الإعمار هذه رئيس الوزراء الشهيد رفيق الحريري، الذي لعب دوراً بارزاً في التحضير لاجتماع الطائف مع مختلف الأفرقاء، بتوجيه من المملكة العربية السعودية الراعية والداعية للاجتماع ووقف الاقتتال في لبنان.

قيل عن إتفاق الطائف، أنه توافق بين اللبنانيين على وقف الحرب الأهلية والعمل على تطبيق جميع البنود الواردة فيه ليصبح بمثابة الدستور الجديد للبلاد اعتباراً من العام 1989.. والواقع أنه لم يعمل السياسيون على تحقيق شيء من بنود هذا الاتفاق.. حتى قرار وقف الحرب (الذي شكل البند الأول منه) لم يكن قرارهم بل قرار من كان يمدهم بالسلاح وتوقف، فاضطرهم إلى الخضوع والتوقيع على الاتفاق..!

نص الاتفاق على أن يتولى الجيش السوري في لبنان مهمة الأمن لفترة سنتين ثم ينسحب تدريجياً بعد تسليم الأمر للجيش اللبناني. ولم يخرج بالطبع، كما يعرف الجميع، إلا بعد مرور خمس عشرة سنة وبموجب القرار الدولي 1559 وليس بموجب إتفاق الطائف.. ولحظ الاتفاق أيضاً نزع السلاح من سائر الأفرقاء والعمل على بناء المؤسسة العسكرية (الدفاعية والأمنية) بحيث تصبح مؤسسة قادرة على الدفاع.. وهذا لم يحصل، بل كان أمن الوطن مشرّعاً وأمن المواطن معدوماً ولا داع لترداد ما حصل قبل العام 2005 من قمع وترهيب وتهجير لشباب لبنان ومسلسل الاغتيالات الارهابية الذي تواصلت فصوله خلال العام 2005 وما بعده.

كذلك نص الاتفاق على أن تقوم الدولة العتيدة في لبنان بمراعاة التوازن مناصفة بين المسيحيين والمسلمين إلى أن يتم إلغاء

الطائفية السياسية في وقت لاحق. وما حصل هو أن تكرست الطائفية أكثر مما كانت عليه في السابق، بتشجيع وتحريض من الطاقم السياسي المتمسك بالنظام الطائفي.

وفي الوقت الذي كانت تتسع فيه دائرة الفوضى والاضطرابات السياسية والأمنية في البلاد، كانت الطائفة الشيعية، بقيادة حزب الله وحركة أمل، تؤهل نفسها لترث الدور السياسي الأول في البلاد بعد انتظار دام عشرات من السنين، مستفيدة بما قدمته من تضحيات في مقاومة العدو الإسرائيلي عام 2000 وعام 2006.. وقد تسنى لها إحكام القبضة على القرار الوطني الممثل بالحكومة اللبنانية، اعتباراً من 13 حزيران عام 2011 يوم أسقط الفريق المعارض (بقيادة حزب الله) حكومة سعد الحريري واضطر هذا الأخير إلى مغادرة البلاد. وهكذا، برأينا، بدأت مرحلة التمهيد لقيام الجمهورية الرابعة في لبنان بانتظار الانتخابات النيابية المقرر إجراؤها مبدئياً خلال حزيران من العام 2013 إذا كتب للجمهورية اللبنانية أن تستمر.

وهنا ينبري السؤال البديهي: إذا كانت الجمهورية الأولى للكيان قد خضعت لحكم الانتداب الفرنسي، والجمهورية الثانية لحكم المارونية السياسية، والثالثة لحكم السنية السياسية، فهل ستخضع الجمهورية الرابعة، لحكم الشيعية السياسية..؟

وكأني، بالمفاجآت التي تعد في كواليس الطوائف، سحابة شؤم تجتاح الوطن من حيث يدري المعنيون أو لا يدرون..

هل ستجري الانتخابات.. أم إنها ستسقط مع سقوط الجمهورية..؟

هذا الكتاب

يتضمن هذا الكتاب مجموعة مقالات كتبت في مناسبات مختلفة وفي غالبيتها "افتتاحيات" لجريدة "الجالية" التي كنت أصدرها في تورنتو ـ كندا. والقاسم المشترك بينها، أنها معالجات للواقع اللبناني الذي كثرت وتراكمت فيه التعقيدات السياسية والاجتماعية وقد تحول الوطن إلى ساحة للصراعات الحادة على أنواعها، في ظاهرها سياسية وفي باطنها طائفية، مما أفقده المناعة الوطنية الحاضنة لأمنه وسلامته.

وقد يلاحظ القارىء ترداد بعض الكلمات وتكرارها في بعض المقطوعات، (كالطائفية والنظام الطائفي وما شابه) وقد أثار الأمر انتباهي لدى مراجعة مضمون الكتاب. إلا أنني آثرت الإبقاء عليها كما هي، للأهمية التي أشير إليها وهي بالنسبة لي بيت القصيد. فالطائفية هي الداء الذي ينخر في الوطن والأساس لكل المشكلات القائمة والعالقة. فإن لم نعمل على بناء الدولة العلمانية بتشريعات مدنية متطورة، عبثاً نراهن على المخارج الآمنة. فالدولة المدنية، كما ذكرت في أكثر من مكان في الكتاب، لا تلغي دور الطائفة التوجيهي والخدماتي، بل هي الحل لكل المعضلات المتراكمة والضمانة الوحيدة لحماية جميع الأديان والطوائف.

المؤلف

ماذا أقول فيك يا وطني..

1998/12/1

وطني..
أرجو المعذرة إن كنت لم أحتفل بذكرى الاستقلال في 22 تشرين الثاني المنصرم ولم أشاهد الاستعراضات على شاشة التلفزيون، ولم أسمع الخطب. إنني سئمت الاستعراضات وكفرت بالخطب..
فما عادت تثيرني حكاية الاستقلال التي تروى للأطفال على مقاعد الدراسة. وما عادت تروق لي سيرة الرجال الذين "قلما ينجب الزمان مثلهم".
وما عدت أرضى بزعامات الاقطاع والطوائف التي خلفتها قرون الاستعمار والانتداب بعد أن داست حقولك أقدامها الجائعة لتلتهم منك الحب والفن والابداع ..

وطني.. لقد كشف القناع عن كل شيء، والحقيقة أسطع من أن تحجبها أردية الضباب..
الاستقلال هو سيادة وحرية. هكذا أفهمه وهكذا يفهمه الأحرار..

السيادة هي سيادة الشعب الواحد على الأرض الواحدة وسيادة كل الشعب على كل الأرض. هي الوحدة في الحياة والوحدة في المصير.. أما سيادتك أنت فهي وحدات مختلفة في الحياة على عدة

بقع من الأرض الواحدة، ولكنها تتشابه في "وحدة المصير": الموت والهلاك..

وسيادة الأوطان، مستمدة من حرية وقدسية الانسان، وتتجلى في التخلص من التبعية، والتمسك بحرية تقرير المصير: في الانتاج والبناء، وفي اختيار القيم الاجتماعية التي تحقق مصلحة المجتمع وتتلاءم مع تطلعاته وأهدافه.

أما واقع الحال فهو في مكان آخر..

فتقرير المصير منوط بالأوصياء والأولياء..

ومواقف شعبنا متعددة بتعدد "النزعات والأهواء"..

والانتاج مقصور على "التجار"..

والبناء ينفرد به "المقاولون" بعد كل جولة هدم وتدمير..

أما العاملون "للعلى للعلم" فجميعهم دون استثناء، وأكبر دليل على ذلك احتفالهم بيوم العلم حيث بيعت كميات كبيرة من أعلام الورق للابتهاج والزينة رغم الارتفاع الكبير في أسعار الورق..

وطني.. لن أذهب بعيداً للتأكيد على أن عملية بناء الوطن والمواطن لا تزال في المهد. كثيرون حتى أيامنا هذه لا يزالون يعتقدون بأن "معركة الاستقلال" كانت فعلاً الطريق المؤدي إلى الاستقلال الذي "يجب أن نحافظ عليه".

أما أنا فإنني أرى عكس ذلك: ففي المحافظة على هكذا استقلال إنما نعمل للاستسلام إلى كل أنواع الذل والتخلف والعار..

فماذا نقدّم من "إنجازات الاستقلال" في مثل هذا اليوم، ونحن نقف أمام التاريخ للمرة الخامسة والخمسين؟

هل نردد هتافات الانتصار
ونصال الانكسار مستقرة في نفوسنا؟

أم نتغنى بأناشيد الصمود
وبراثن الهزيمة محددة في ضمائرنا؟
أم نهلل للحق والسيادة
وقيود الاستسلام تحفر في أعناقنا؟
ليس بالهتافات يولد الانتصار..
ولا بالتغني يخلق الصمود..
ولا بالتهليل ينتصر الحق.
إنه يجدر بنا الصمت والانحناء خجلاً حيث ينبغي الكلام..

وطني.. لقد آن لشعبك أن يقف على كل الحقيقة.
قل لهم بأنك مغلوب على أمرك وبحاجة إلى "الاستقلال". ولا يكون ذلك إلا بالالتفاف حولك..
علم أبناءك أن يكونوا أحراراً على أرضهم الحرة وإلا كانوا حقلاً لحرية الآخرين..
إزرع في نفوسهم الأمل في الانتصار، فلا يمكن أن يبلغوا الانتصار إلا بالصراع..
وإني لواثق بأن المجتمع الذي يعرف حقيقته دون تضليل وتزييف سينتصر في النهاية لا محال..

أما الآن، فإنني أدعو لك بطول البقاء متمنياً لك الظفر وتحقيق السيادة. واسمح لي ألا أحتفل وأهلل لأنني أنتظر عيدك الحقيقي يوم ندرك بأن الانسان في لبنان ينتمي إلى وطن وليس إلى قبيلة، ويوم ينتزع أبناؤك الاستقلال من فم التنين..

إلى فخامة الرئيس لحود.. مع أطيب التمنيات

كتبت هذه الرسالة إلى فخامة الرئيس إميل لحود على أثر لقائه أبناء الجالية اللبنانية الكندية في مدينة مانكتون / نيو برانزويك حيث جاءوا من مختلف المقاطعات للترحيب به غداة انعقاد مؤتمر الفرانكوفونية. وكانت تلك الزيارة الأولى من نوعها بعد انتخابه رئيساً للجمهورية اللبنانية.

1999/9/29

تحية وطنية صادقة وبعد،

إن لقاءكم التاريخي بأبناء الجالية اللبنانية الكندية في مدينة "مانكتون" ـ كندا، كان له الأثر البالغ في نفس كل من حضر وسمعكم تؤكدون على متابعة العمل والاستعداد لتقديم التضحيات مهما بلغت لبسط سلطة القانون وإحياء المؤسسات وتبديد القلق الذي يساور اللبنانيين، مقيمين ومغتربين، على مصير ومستقبل لبنان.

والواقع أن اللبنانيين في سائر بلاد الانتشار، ومنذ اللحظة الأولى لتوليكم الرئاسة، يتطلعون إلى شخصكم الكريم بإعجاب وتقدير للصفات الوطنية العالية التي تتحلون بها وقد أثبتم ذلك في كل المناسبات، وأن حياتكم العسكرية تحفل بالمآثر وقد تركتم هناك بصمات خالدة..

كذلك يتطلّع اللبنانيون بأمل وترقب إلى اليوم الذي ستتمكنون فيه من تحقيق الوعد ـ الحلم، الذي يراودهم منذ زمن طويل: السيادة على كامل الأرض اللبنانية في ظل وحدة وطنية قائمة على العدل والمساواة وإطلاق لبنان الجديد، دولة القانون والمؤسسات.

مما لا شك فيه، يا صاحب الفخامة، أن كل من عرفكم يدرك تماماً أنك تعنون ما تقولون وقد كان هذا شعاراً لخطاب القسم يوم تسلمتم المهام الدستورية إذ قلتم بعزم وشدة أنكم جئتم إلى الرئاسة لتحوّلوا اليأس أملاً والكفر بالوطن إيماناً وعزماً بإقامة دولة الحرية والأمن والكرامة. من هنا لا أخال اللبنانيين المخلصين إلا ملتفين حولكم ليشدوا على أيديكم ويعقدوا السواعد للمشاركة في ورشة التغيير حتى يكون لكل منهم شرف العمل في بناء لبنان الجديد.

ولكن هنا.. يتبادر إلى الذهن سؤال يطرح نفسه: هل الأرضية بحالتها الحاضرة، التي تشكل حقل التغيير، صالحة لإجراء التغيير المنشود دون المس بالنظام والقوانين المرعية..؟

الجواب لا.. بالطبع. لأن التغيير يستلزم الأرضية الصالحة والخيارات الواضحة في إطار قانوني ثابت قادر على تحقيق وحماية الفوائد العملية المرجوة.

السيادة على كامل الأرض الوطنية لا تتحقق إلا بانسحاب العدو المغتصب من الأراضي اللبنانية وتنفيذه لقرارات الأمم المتحدة الواضحة دون قيد أو شرط، تمهيداً لعقد سلام قائم على العدل وإلا كانت المقاومة الوطنية خيار لبنان الوحيد حتى تحرير آخر شبر من الأراضي المغتصبة.

أما الوحدة الوطنية القائمة على العدل والمساواة، فإنها تهدد الاقطاعية والطائفية والرأسمالية، هذا الثالوث الذي يتحكم بلبنان منذ زمن طويل باسم الحرية تارة وباسم الديمقراطية تارة أخرى.

وإذا أردنا أن نكون صريحين مع أنفسنا، يجب أن تكون لدينا الجرأة بأن نقول ونؤكد أنه لا يمكن أن تقوم الوحدة الوطنية إلا بإزالة هذا الثالوث. ولا يتم هذا الأمر بين ليلة وضحاها بل يلزمه إصدار قوانين جديدة تتلاءم مع التطلعات الجديدة:

من إلغاء الطائفية السياسية إلى فصل الدين عن الدولة وإقامة الدولة العلمانية.

إلى نسف قانون الانتخابات وجعل المرشح للنيابة على أساس القاعدة الشعبية لا على أساس القاعدة الطائفية أو المذهبية في دائرة كبيرة كانت أم صغيرة.
إلى تثبيت حقوق العمال وإعطائهم الضمانات الاجتماعية اللائقة ومنحهم الحد الأدنى للأجور الذي يساوي، على الأقل، الحد الأدنى للإنفاق.
إلى تشجيع الاستثمارات الزراعية والمساعدة على تصريف الانتاج.
إلى إنشاء قانون ضرائبي متطور يخضع له الكبير كما الصغير.
إلى دعم السلطة القضائية والحفاظ على استقلاليتها بعيداً عن السياسة. وإلى ما هنالك.. وهذا قليل من كثير يجب فعله حتى تتحقق الوحدة الوطنية القائمة على العدل والمساواة.
أما دولة القانون والمؤسسات، فهي تبدأ بالاصلاح الاداري ووضع الرجل المناسب في المكان المناسب مروراً بإصدار القوانين الجديدة وتعديل ما يعدل منها، كما مرّ معنا في الفقرة السابقة، ثم قيام الدولة القوية القادرة على تطبيق هذه القوانين وتفعيل دور المؤسسات.

***

فخامة الرئيس،
تبدو المهمة صعبة وشاقة إلى حد يستحيل تنفيذها خاصة فيما يتعلق بتعديل بعض القوانين أو إلغاء بعضها الآخر أو استحداث قوانين جديدة، ولكن.. هل تعذر ذلك على من نذر نفسه للسير على الأشواك ليخلص لبنان الذي مضى على ضياعه سنوات طويلة، كما ذكرتم، في لعبة الخيارات والمراهنات..؟
يبقى القانون فوق كل الاعتبارات حتى يفقد الغاية التي من أجلها قام. فكيف إذا كانت تلك الغاية مصلحة لبنان التي هي فوق كل القوانين. وإننا ندرك تماماً أن كثيرين سيتضررون من قيام العدل

والمساواة لأن وجودهم بالأصل جاء وليد العبثية التي شرذمت الوطن وأدت به إلى الخراب والدمار، ولم يعد الأمر خافياً على اللبنانيين الذين يستعدّون اليوم لمواكبة مسيرتكم الوطنية، بأمل لا يوصف، وقد ضاقوا ذرعاً بالحال التي آل إليها الوطن.
من هنا، يا فخامة الرئيس، إننا نتطلع ونترقب بأمل كبير أن تنسفوا كل القوانين التي لم تعد تحقق العدل والمساواة لتقيموا مكانها ما يصلح ويحقق مصلحة لبنان حتى ولو كان ذلك دستور الجمهورية الذي يعتبر أقدس المقدسات، وأن هناك سابقة بالأمس القريب، عندما قضت مصلحة لبنان واجتمع المجلس النيابي، عشية الاستحقاق الرئاسي، على تعديل المادة 49 من الدستور، تمهيداً لانتخابكم رئيساً للجمهورية بشبه الإجماع.
وحسناً فعلوا في اختياركم.. إن ضمانتنا في تدوين هذه الخواطر هي حسن آدابكم وحسن إصغائكم إلى كل ما يخدم مصلحة لبنان..

هنيئاً للبنان برئيس إذا قال فعل. اقبلوا وافر تحياتنا مع أطيب التمنيات..

❖

مؤتمر العرب ومعركة السلام..

2000/3/15

جاءت مقررات مؤتمر وزراء الخارجية العرب الذي اختتم أعماله يوم السبت الماضي في بيروت بأفضل ما يمكن من "عناوين": تأكيد تلازم المسارين اللبناني والسوري في محادثات السلام مع إسرائيل، دعم المقاومة للاحتلال (ما استمر هذا الاحتلال)، رفض توطين الفلسطينيين في لبنان مع التأكيد على حقهم في العودة إلى ديارهم والتأكيد على دعم لبنان في مطالبته الدائمة بأن تلتزم إسرائيل تنفيذ قرار الأمم المتحدة رقم 425.

واللافت للنظر أن المؤتمر لم يشر في مقرراته إلى القرار الأخير للحكومة الاسرائيلية القاضي بانسحاب قواتها من لبنان قبل تموز المقبل وانعكاساته على عملية السلام، علماً أنه الحدث الأبرز والأكثر سخونة في هذه الأيام. والخبر الذي يشغل المنطقة في الوقت الراهن ويجعل الكل يتساءل: ماذا تخبئ إسرائيل وراء القرار المفاجئ عشية استعداداتها لاستئناف المفاوضات التي قد تعلن عنها في وقت قريب؟.

والمعلوم أن قرار الأمم المتحدة رقم 425، وعمره إثنان وعشرون عاماً، يقضي بانسحاب إسرائيل من لبنان دون قيد أو شرط، وأن لبنان يتمسك بهذا الشرط للتفاوض مع إسرائيل بشأن اتفاقية السلام. والمعلوم أيضاً أن المقاومة الوطنية هي حق مشروع للشعب اللبناني بوجه من يغتصب الأرض الوطنية ويعربد على أنقاض شهدائها. والحركة تلقى الدعم الشعبي والرسمي في لبنان كما تلقى تأييداً إقليمياً ودولياً و"وعوداً" من الدول العربية بالدعم المالي لكي تثبت حقها بوجه الاحتلال.

ومن المعلوم أيضاً أن تلازم المسارين اللبناني والسوري في مفاوضات السلام قد بات من الثوابت الاستراتيجية التي لا يمكن التراجع عنها أو التخلي عن هدفها الرامي إلى سلام شامل في المنطقة يقوم على العدل والمساواة.. وأن أي خلل يطرأ يعطي الفرصة لإسرائيل لخرق الصفوف من جديد والتلاعب على المسارات واستفرادها فتحقق، في معركة السلام، ما لم تحققه في معاركها العسكرية.

ولهذا نجد الرئيس لحود متخوفاً من خطوة الانسحاب المفاجئ وقد أكّده بتصريح يقول: "إن الانسحاب الاسرائيلي الأحادي الجانب من لبنان إن لم يكن مطابقاً للشروط الوطنية التي يكفلها القرار 425، قد يخلق في المنطقة مضاعفات سلبية"، مستنداً بقوله هذا إلى مناورات إسرائيل المضللة التي تطلقها بين الحين والآخر، والتي ترمي بها إلى خلق أجواء التوتر في المنطقة وتأتي في كل مرة لإثبات عدم مصداقيتها وكشف طبيعة نواياها.

والطريف بالأمر أن تصريح الرئيس لحود أثار جدلاً واستغراباً لدى الادارة الأميركية ما جعل الرئيس كلينتون يكلف سفيره في لبنان لاستقصاء الحقائق والاستفسار من الرئيس اللبناني عما يعنيه التصريح (الآنف الذكر).

إذن.. ما هي المخاوف من قرار الانسحاب الاسرائيلي من لبنان؟
أولاً: إذا ما نفذت إسرائيل الانسحاب عملاً بقرار حكومتها دون التقيد بشروط المفاوض اللبناني ستوهم الرأي العام العالمي أنها التزمت تنفيذ القرار 425 الصادر عن مجلس الأمن وبالتالي ستطالب المجتمع الدولي بالضغط على المقاومة اللبنانية التي يجب أن تزول بزوال السبب الذي قامت من أجله وستستند في ذلك حتماً إلى أحد مقررات مؤتمر وزراء العرب الذي يقول: دعم المقاومة للاحتلال الاسرائيلي (ما استمر هذا الاحتلال)..

ثانياً: رفض الاشتراك في مفاوضات السلام مع لبنان (ما دامت قد انسحبت من أراضيه) ولم يعد هناك من موجب للتفاوض طالما أن السبب لم يعد قائماً.

ثالثاً: إضعاف المفاوض السوري في جولة المفاوضات اللاحقة بعد انتزاع الورقة اللبنانية (المتمثلة باحتلال الجنوب) من يده وانفصال المسارين اللذين اعتبرا متلازمين حتى تاريخه.

رابعاً: هل تخلت إسرائيل عن نواياها باحتلال الأراضي العربية وأطماعها في المياه؟

هذا من باب المخاوف، أما الأسئلة التي قد تطرح في هذا المجال، فلا تزال كثيرة وتحتاج إلى أجوبة واضحة ومطمئنة.

من سيقدم الضمانات الأمنية في الداخل اللبناني وعلى الحدود اللبنانية الاسرائيلية..؟

وما هو مصير المقاومة اللبنانية ومصير ما يسمى بجيش لبنان الجنوبي الذي رفضت إسرائيل منح عناصره حق اللجوء إليها؟

أضف إلى ذلك مصير أهل المخيمات الفلسطينية وقد أجمع الوزراء العرب على عدم السماح بتوطينهم كما أكدوا على حقهم في العودة إلى ديارهم.

إن خللاً أمنياً سيحدث هناك لا محال، وهذا ما تسعى اليه إسرائيل.. أما عودتها إلى لبنان، بشكل مؤقت أو دائم، رغم كل ما سيتخذ من قرارات دولية وما سيوقع من اتفاقات إقليمية، فإنها تقرره في المستقبل عندما تقضي حاجتها ولن يقف في طريقها أحد والتاريخ سيكون شاهداً على ذلك.

واقع مرير ولا شك.. ماذا فعل اللبنانيون لمواجهة الخطر القادم إليهم.. ماذا فعل وزراء الخارجية العرب (في مؤتمرهم الثالث عشر بعد المئة) لتفادي وقوع مثل هذا الخطر.. أترك الجواب لأصحاب الشأن والعالمين بخفايا الأمور.

أما نحن، المواطنون العاديون، وإن كنا لا نعرف الكثير مما يحدث على أرضنا وما يدور خلف ستائر المؤتمرات التي ترعى مصيرنا، يبقى علينا أن نتنبه للأخطار المحدقة بنا ونعمل على توحيد صفوفنا ولملمة جراحنا وبذل الجهود في إحياء فكرنا وتراثنا ودحض مزاعم العدو المتربّص بسيادتنا وحقنا في تقرير مصيرنا حتى ولو حلّ السلام القائم على العدل والمساواة. ويبقى همّ اللبناني أولاً وآخراً مواجهة ووقف كل أشكال التطبيع والعمل على إبراز الملامح الوطنية التي أعطت العالم نماذج رائعة في التضحية والبطولة من أجل الحرية والسيادة.

تحديات الانتصار..

2000/5/31

يعيش لبنان هذه الأيام نشوة الانتصار الذي تمخض عن آلام طويلة عانى منها اللبنانيون على مدى ربع قرن أو أكثر، في حرب على الحدود وحروب متعددة أخرى في الداخل، بسبب الاحتلال الاسرائيلي لأرضه واغتصاب قواته للسيادة الوطنية والحريات العامة وحقوق الانسان.

ولكن.. طالما أن للباطل جولة، كان لا بد للقيد أن ينكسر وللحق أن ينتصر، وكان قرار الانسحاب المفاجئ للعدو ليسجل لبنان الانتصار العربي الأول على دولة الاحتلال في إجبارها على الفرار، الأمر الذي أدهش العالم وجعله يعيد النظر في الحسابات والرهانات وقد كانت إسرائيل في ذاكرته حتى الأمس القريب الدولة المتطورة المتفوقة التي لا تقهر..

من حق اللبنانيين في الوطن أو في المغتربات أن يرقصوا ويهللوا، أن يقرعوا الأجراس ويدقوا الطبول. فالفرحة لا تساويها فرحة والنشوة لا توازيها نشوة. فهنيئاً للبنان في روعة صموده وهنيئاً للمقاومة الوطنية في ثمار بطولاتها واستشهاداتها والمجد للشهداء الأبرار الذين قدّموا دماءهم على أرض الكرامة ليسلم لبنان..

أما بعد.. فماذا بعد الانتصار وماذا بعد الاحتفالات لنقيم للانتصار معنى يضمن له الاستمرار والاستقرار..

إن التجربة التي مرّ بها لبنان في صراعه على الحدود تضعنا أمام حقائق وثوابت نهائية علنا منها نتعظ ونعتبر لكي لا نسمح بتكرار التجربة.

أولاً: إن المقاومة الوطنية حق مشروع للشعب اللبناني لرد الاعتداء والاغتصاب والانتهاك على أرضه الوطنية مهما بلغت الخسائر والتضحيات. فإذا لم نعمل على صون حقنا بأنفسنا فعبثاً نطلبه من الآخرين.. وهذا الحق تعترف به الأسرة الدولية وشرعة حقوق الانسان ولا يجوز النظر إليه إلا بالاكبار والاجلال. وكل محاولة للتقليل من أهمية دور المقاومة ستبوء بالفشل كما حلّ بسابقاتها، وقد أثبتت المقاومة فعاليتها وصوابيتها في إرغام قوات الاحتلال على الفرار والانسحاب. وواهم كل من يعتبر بأن إسرائيل انسحبت تنفيذاً لقرار مجلس الأمن رقم 425، فالقرار المذكور يقضي بانسحابها "الفوري" من الأراضي اللبنانية منذ اثنتين وعشرين سنة. فلماذا لم يتم انسحابها إلا في هذا الوقت بالذات..؟

ثانياً: إن الحق الذي سلب بالقوة لا يمكن أن يستردّ بغير القوة. فإذا ما استعرضنا قرارات الأمم المتحدة المتعددة التي تدين إسرائيل في اعتداءاتها المتكررة على لبنان، في قصف بري أو بحري أو جوي، وفي مناسبات مختلفة وكيف كانت إسرائيل تتعامل مع هذه القرارات بالغطرسة واللامبالاة، ندرك تماماً لماذا اتجهت إلى قرار الانسحاب الذي سمي "القرار الأحادي الجانب". لم تكن لتلجأ إسرائيل إلى هذه الخطوة لولا الضربات الموجعة التي تلقتها من أبطال المقاومة في الجنوب الذين استعملوا القوة لاسترداد الحق الوطني السليب.

ثالثاً: العبرة الأساسية التي علمتنا إياها التجربة هي في أن التعامل مع العدو، أيا كان شكله، لا يثمر غير الذل والعار والانهزام. ولا يزال الواقع ماثلاً أمام ناظرينا كيف تخلت إسرائيل عن زمر العملاء، الذين انفصلوا عن الجيش اللبناني وكانوا يراهنون على نجاح الخطة بتقسيم لبنان، حيث أدخلت الارباك والخوف إلى صفوفهم ففقدوا الوعي والسيطرة لا يعرفون إلى أين يلجأون..

رابعاً: والأهم من كل هذا أن نعي بصدق بأن لا بديل لنا عن وحدتنا الوطنية لتحقيق كل مطلب وطني، فنعمل على تحصين الوضع الداخلي بحيث نخلق الجبهة المنيعة القادرة على رد كل الاغراءات والانحرافات والأعاصير التي تعصف بالوطن وأن نرفض كل ما ثبت فشله في ممارسات سابقة وأن نتخلص من رواسب الماضي ومركبات النقص التي خلفتها الارادات المختلفة في لبنان وجعلت منه كيانات صغيرة ضمن الوطن الواحد، فالوطن الواحد لا يصان إلا بالارادة الواحدة.. وهنا يكمن التحدي الكبير حيث تنضوي تحديات الانتصار الذي نعيش نشوته اليوم.. إننا على المحك جميعاً، فإما أن نستفيد من التجربة التي أعاقت نمونا وتقدمنا فنعقد السواعد على رسم خطوط المستقبل الضامن لحماية انتصارنا وإما الويل الويل من الآتي الأعظم..

لم يعد يتحمل لبنان أن يكون حقلاً للتجارب ولم يعد يتحمل المماطلة والتسويف والقبول بأنصاف الحلول. ويبقى الحوار المفتوح هو الأداة الأفضل والمدخل إلى كل ترميم، والحوار هو الآخر له أصول وشروط إن لم تراع، أعادنا إلى نقطة الصفر. الصراع مع العدو لن يتوقف عند انسحاب قواته وإعلاننا للنصر. فهو وإن لم يكن صراعاً عسكرياً يستعمل فيه سلاح الدبابات والطائرات والمدافع، فهو صراع حضاري وسلاحه أداة حضارية تختصر بالوعي الثقافي والاعلامي.. فهل نثبت حسن استعمالنا للسلاح الجديد..؟

تبدو المرحلة المقبلة من حياة لبنان أكثر دقة من سابقاتها وربما أخطر. فإن لم نحسن السير بخطى ثابتة لبلوغ الارادة الواحدة الصلبة بوعي وطني متماسك، وإن لم نعمل على حماية الانتصار بما يدهش العالم، تعطل الانتصار وانقلب على صانعيه..

القائد المنتصر..

2000/6/7

من عاداتنا وتقاليدنا "المتأصلة فينا" أننا نتعلق بشخص القائد باندفاع شجاع يتعدّى الحدود. فنهتف بحياته ونصفق لدخوله ونتأهب لخروجه حتى أننا بفعل "العاطفة الصادقة" و"دفق الحمية المخلصة"، يأخذ بنا "الالتزام" أو "الاستزلام" أحياناً إلى تقديس الأرض التي تطؤها قدماه. وكأن في التصاقنا بشخصه ما يخفف عن كاهلنا وطأة التفكير وتحمل المسؤولية واتخاذ القرار، فنرمي بها عليه.. وطالما أن هناك من يفكر ويتخذ القرار نيابة عنا، فلمَ لا نوفر جهد الفكر والبدن ونستسلم لواقع الحال فيهدأ البال..

والطريف المبكي أننا نتعلق بالقائد وليس بما تعنيه القيادة من قيم ومبادئ وتعاليم سامية أو بما ترمز إليه من حكمة وعدل وسياسة، فيقود بنا هذا الطيش إلى التخلي عن دورنا الاجتماعي وترك الحبل على الغارب حتى إذا ما وقعت الواقعة وجاءت النتيجة على غير ما نشتهي، نأخذ بالتفتيش عمن نلقي عليه اللوم. ويجرّنا ذلك إلى افتجار الكلام غيظاً وانفعالاً ورشق الاتهامات يميناً ويساراً وننسى أننا تخلينا عن دورنا وموقعنا وفوضنا أمرنا إلى من ينوب عنا في اتخاذ القرار.

ومن مظاهر عاداتنا وتقاليدنا، أننا نهلل للقائد المنتصر، العائد من المعركة، فنقيم له الاحتفالات وأقواس النصر ونسمي باسمه

الشوارع والساحات العامة وننصب له التماثيل وفاء لروحه بعد الممات.

لا غرابة في ذلك ولا مانع من كل هذه الاجراءات، وهذا أقل ما يوجبه الاحساس بالوفاء والتقدير، ولكن.. أهل كان للقائد وحده الفضل في تحقيق النصر؟

ألم يكن لسائق سيارته دور في تحركاته وتنقلاته على أرض المعركة؟

أو لم يكن لموزع المخابرات الذي سهر على تأمين مخابراته ضلع في صناعة النصر؟

والاسكافي صانع الحذاء الذي ينتعله القائد، ألم يشارك هو الآخر في المعركة بتأمين الأحذية للقائد كما للجنود..؟

وهكذا قل بالنسبة للطباخ والخياط والخباز والزرّاع والعامل والصانع. فجميع هؤلاء كان لهم شرف المساهمة في المعركة وجميع هؤلاء كان لهم شرف الانتصار. أيستحق القائد تهليلاً وتمجيداً دون هؤلاء..؟ بل تصوّروا معي كيف يكون الحال دونهم..

والحقيقة التي لا تقبل الشك هي، وإن كان يعتبر القائد رمزاً للانتصار غير أن "القائد المنتصر" هو مجموع القوى التي صنعت النصر.. إنه الشعب بجميع قواه العاملة.

وشعبنا في لبنان اليوم، الذي تصحّ تسميته بالقائد المنتصر، يقف على مفترق طرق: فإما أن يستمر تعلقه "بالعادات والتقاليد" وهذا يعني مراوحته في التخلف الاجتماعي والاقتصادي والسياسي وإما أن ينفض عنه غبار القلق واليأس ليقيم ورشة الاصلاح والتغيير لتحصين وحماية الانتصار الذي حققه. والقاسم المشترك بين اللبنانيين اليوم أنهم جميعهم يتطلعون إلى التغيير وقد ضاقوا ذرعاً بالحالة التي وصل إليها لبنان. فالخطوة الأولى تبدأ من هنا ـ أي أن

نعمل بوحي القاسم المشترك ـ علّ الحلم الذي راود اللبنانيين طويلاً يصبح حقيقة واقعة.

إن ما ورد في خطاب القسم يوم تسلم الرئيس لحود مهامه الدستورية، وتحديداً المفاصل الرئيسية منه التي ركزت على الحريات العامة والانماء المتوازن والالتزام بدعم المقاومة وتوفير مقومات صمودها واستمرارها حتى تحرير كامل التراب الوطني والسيادة على الأرض في ظل وحدة وطنية قائمة على العدل والمساواة، يصلح لأن يشكل ورقة عمل يتمسك بها اللبنانيون على مختلف ميولهم وانتماءاتهم، ليعملوا جنباً إلى جنب على تحقيقها لا سيما وأن أحد بنود هذه الورقة المتعلق بدعم المقاومة وتحرير الأرض، قد تحقق..

وهنا لا بد من التوقف قليلاً للاعتراف والتأكيد بأن النصر الذي أحرزه لبنان ما كان ليتحقق لو لم تنعقد السواعد اللبنانية مجتمعة لتعمل في خندق واحد من أجل الهدف الواحد.. وتكاد تكون المرة الأولى في التاريخ التي يعمل فيها لبنان بجميع قواه ومرافقه على خطوط متوازية: المقاومة في الجنوب، دعم شعبي في الداخل، ومساندة حكومية شرعية وإعلام مقاوم في الأمم المتحدة والبعثات الدبلوماسية في الخارج..

وإذا كان للبنان أن ينجح في تحقيق بند من بنود ورقة العمل فإنه، ولا شك، قادر على أن يسجل نجاحاً مماثلاً في تحقيق جميع بنودها..

بقي علينا أن يعي كل منا دوره وكل في موقعه لنخدم القضية الواحدة ونحقق انتصارات لاحقة. ففي مجالنا الاعلامي يجب أن نركز، بتوجه مسؤول، على الايجابيات في تعاطينا مع المرحلة المقبلة، وألا نسمح للغرور أن يأخذنا للتفتيش عن الأخطاء الصغيرة فنقيم الأرض ونقعدها. فكل عمل استفزازي يوجّه إلى لبنان اليوم يؤخر في نهوضه واستعادة عافيته خاصة إذا جاء

الاستفزار أو الافتراء ممن يعيشون بعيداً عن معاناة شعبنا اليومية.ِ لا بل يجب أن نعمل جميعاً على صب الاهتمام والجهود لمساندة رئيس البلاد ومساعدته على تحقيق برنامج القسم بجميع بنوده لأن العناوين التي تضمّنها، تجعلنا نطمئن إلى غد يستطيع لبنان من خلاله أن ينهض من كبوته ليواجه تحديات العصر المتزايدة وأن يستعيد دوره الطبيعي في الأسرة الدولية كدولة مؤسسات قائمة على ركائز علمية متطورة تؤهله من مواكبة التقدم المتسارع الذي يجري في العالم.

إنها الساعة المؤاتية للاقلاع عن "العادات والتقاليد" التي لم تجدِ نفعاً والاعلان عن ثورة بيضاء في مسك زمام المبادرة وتحمل المسؤوليات و"القائد المنتصر" في النهاية هو "نحن" مجتمعون.

13 نيسان ـ يوم الاستغفار الوطني!

2001/4/11

تشهد الساحة اللبنانية في هذه الأيام حالة من الذعر والقلق والترقب على أثر التصريحات والشائعات والتهديدات التي تطلق من هنا وهناك. أضف إليها توزيع المنشورات الاستفزازية والخطابات التحريضية التي تزيد في الاحتقان الطائفي وتعمل على توتير الأجواء الأمنية وتساعد على توسيع الشرخ بين أبناء الوطن. وكأنّ بحلول الثالث عشر من نيسان، ذكرى قيام الحرب اللبنانية، بدلاً من أن نسير إلى نبذ العنف والأحقاد والاقتتال الطائفي والاستفادة من تجربة الماضي بما حلّ بالوطن والمواطن واعتماد الحوار الديمقراطي مدخلاً لحل الاشكالات العالقة، يأبى "العنفوان الوطني" إلا وأن تقام الاحتفالات لتزكية نار الطائفية والحروب الأهلية بكل ما أوتينا من تخلف وعقم وجاهلية.

من المؤسف أن يعود لبنان إلى همجية الثالث عشر من نيسان بعد أن أعلن جميع الأفرقاء أن لا عودة لأجواء الحرب ولمعاناة الماضي، بل للمضي قدماً لما يحقق المصالحة الوطنية ويضمن الاستقرار والسلام. ومن المؤسف أن يستعمل البعض لغة الاتهامات والمهاترات بعد أن صرّح الجميع، على اختلاف نزعاتهم، بأن الحوار هو اللغة الديمقراطية الوحيدة التي يجب استخدامها لاستيعاب التناقضات والفروقات القائمة والخروج بالوطن من حالة الركود إلى حالة الحركة والانتاج.

ومن المضحك والمحزن معاً تصريحات بعض "حديثي السياسة" في لبنان الذين يحدّثون، تعليقاً على الأوضاع السياسية الراهنة، كأنّ القضية في متناولهم وتنتهي عند أخمص قدميهم، وكأنّ الوطن

منوط بهم دون سواهم فيتهجمون ويتشدقون ويتهمون ويصنفون بما يشاؤون مستغلين بذلك المشاعر الطائفية لتحصين موقع زعامتهم الشعبية. لقد غاب عن بال هؤلاء أن إنسان اليوم في لبنان هو غير إنسان الأمس الذي كان ينساق لمثل هذه الأساليب الباطلة.. فلا الشائعات تضلله ولا المزاعم تحبطه ولا التحريضات تحرّكه..

إن الامعان في الخطاب السياسي الراهن باستخدام التعبئة الطائفية واستغلال المشاعر الفئوية (كما هو دائر حالياً) يساعد على إشعال نار الفتنة ويؤدي إلى "نفور أهلي" إذا كانت الحرب الأهلية غير ممكنة وتبقى النتيجة واحدة: التشرذم والانحلال وإعطاء الفرصة مجدداً لإسرائيل بأن تسرح وتمرح على أرض الجنوب (وربما إلى أبعد هذه المرة) مخترقة أجواء السيادة والاستقلال اللذين نتغنى بهما في كل مناسبة.

إن الخطاب السياسي الذي يحتاج إليه المواطن في لبنان اليوم هو ليس الخطاب المتضمن "إيقاعات كلاسيكية" أرهقت الآذان طنيناً ورنيناً، وإنما الخطاب الذي يمهّد لبرنامج إصلاحي يتناول المرافق الاجتماعية والاقتصادية والعسكرية برمتها على أن يكون هذا البرنامج مشروعاً وطنياً متكاملاً آخذاً بعين الاعتبار سيادة الوطن والعدل والمساواة بين مواطنيه.

ومما لا شك فيه أن مشروعاً كهذا لا يتحقق بين ليلة وضحاها. ولكن يبقى السير باتجاهه أفضل من المراوحة أو العودة إلى الوراء. ذلك أن سيادة الوطن والمساواة بين مواطنيه تعني ثورة حقيقية على التقليد الطائفي في لبنان الذي تتصل جذوره بفترة قيام الدولة العثمانية منذ أكثر من خمسماية سنة. أما الآن وقد أجمع زعماء لبنان، روحيون وزمنيون، على التمسك باتفاق الطائف الذي ينص في أحد بنوده على تجاوز الحالة الطائفية وإلغاء

الطائفية السياسية، فإننا نتساءل لماذا أهمل حتى الساعة تطبيق هذا البند الضروري من الاتفاق؟؟

فمن دون أن ندخل في الأسباب والمسببات لما هو حاصل اليوم، ومن دون أن نفتش عمن نلقي عليه اللوم وعمن نعطيه الحق باللوم يجب أن نعترف جميعاً أمام الله وأمام أنفسنا أننا اقترفنا بحق الوطن ذنوباً كبيرة لا يمكن أن تغتفر إلا بتبنينا لمشروع وطني كبير يعيد اللحمة بين أبنائه ويحقق له السيادة، انطلاقاً من الثوابت التالية:

1 ـ نسف التركيبة القديمة المتمثلة بالنظام السياسي، واستبدالها بما يتلاءم مع تطورات العصر والقواعد المعترف بها دولياً لحقوق الانسان.

2 ـ التخلي عن الطائفية السياسية وإطلاق الحريات الديمقراطية واعتماد الكفاءات في سائر المجالات.

3 ـ التعاطي مع تطورات المنطقة المشرقية بصفة الشريك المعني بالمستجدات الأمنية والاقتصادية والاجتماعية.

إن اللبنانيين مطالبون اليوم، بإطلاق الحوار الوطني والعمل الجاد على إيجاد الأرضية الملائمة للعيش الواحد. وإذ لا بد من عودة الثالث عشر من نيسان في كل سنة، فعلينا أن نكرّسه يوماً وطنياً للاعتراف والاستغفار، علنا نفسح المجال لأولادنا من بعدنا، أن ينعموا بوطن يحميهم فيعملون على حمايته..

من أجل حوار وطني

2001/5/2

بعد اجتماعات متتالية في مقر المطرانية المارونية في قرنة شهوان ومشاورات دامت أشهراً طويلة.. وبعد انتظار لنتائج التحرك الذي قام به البطريرك صفير في الوطن وبلاد الانتشار، خرج عن اللقاء وثيقة بعنوان "من أجل حوار وطني" تقوم على ثوابت ومسلمات لا رجوع عنها وتتضمن موقفاً واضحاً من القضايا اللبنانية المطروحة محلياً وإقليمياً ودولياً.

ولعل أبرز ما جاء في الوثيقة بعض العناوين التي تعتبر تجديداً في الخطاب السياسي المسيحي (وفيها الدلالة على الرغبة الجدية في الحوار) وأهمها اعتبار إسرائيل مصدر الخطر الرئيسي على الشعب والأرض والاشارة إلى دور المقاومة ونجاحها في تحرير الأرض مع التأكيد على أن هذا النجاح لن يكتمل إلا بعودة مؤسسات الدولة إلى الجنوب المحرّر وخصوصاً مؤسسة الجيش. كما أشارت الوثيقة إلى الانتفاضة الفلسطينية المحقة ودعم قيام الدولة الفلسطينية المستقلة وعاصمتها القدس.

واللافت للنظر في هذه المرحلة، هو تمسك البطريرك صفير باتفاقية الطائف واعتبارها "المستند الوحيد المتفق عليه بين اللبنانيين وهو يحظى بحصانة عربية ودولية". ودعماً لتوجهات البطريرك، فقد دعت وثيقة قرنة شهوان إلى "دفع السلطة للعمل على استعادة السيادة الوطنية من خلال تطبيق إتفاقية الطائف ولا سيما لجهة بند إعادة انتشار القوات السورية تمهيداً لانسحابها الكامل من لبنان وفقاً لجدول زمني محدد".

يتميّز الأسلوب الذي صيغت فيه الوثيقة بالهدوء والتروي والموضوعية بعد العاصفة التي اجتاحت لبنان في الأسابيع الماضية وعادت تهدّد بقيام الحرب الأهلية بالاحتقان الطائفي والتشنجات المسعورة والادعاءات الفارغة. ولعل الجميع في لبنان، بمن فيهم أركان اللقاء المسيحي، أدرك أن لا مفر من اعتماد سياسة التوازن كمدخل للحوار الوطني. ولكن السؤال الذي يحتاج إلى إجابة: هل يكون الحوار الوطني بمقوماته الراهنة كافياً للوصول إلى الوفاق..؟

إن الغاية التي يتطلع اليها اللبنانيون هي تحقيق الوفاق الوطني. وليس الحوار سوى الوسيلة لتحقيق تلك الغاية. ومن البديهي أن الوفاق لا يقوم إلا على أسس العدل والمساواة وتكافؤ الفرص.

وكيف يتم الوفاق الوطني إذا لم يقرأ المواطنون اللبنانيون في كتاب واحد للتاريخ يبرز فيه دور لبنان الحضاري ويجعل واحدنا يفاخر بالانتماء إليه ويتسابق للذود عن كرامته وسيادته.

يجب أن نعترف جميعاً بعد تجربة السنوات الماضية والمآسي التي رافقتها أن خلافنا في لبنان لم يكن يوماً بسبب خلل في صيغة "العيش المشترك" بل أن العيش هذا، كان ولا يزال، علة العلل لأنه يقوم على الأسس الطائفية والمذهبية ويعزز الولاء الفئوي على حساب الولاء الوطني..

وإذا كان لنا أن نتمسك باتفاقية الطائف لجهة بند من بنودها فلماذا لا نطالب بتطبيق جميع البنود الواردة فيها والتي تشير إلى إلغاء الطائفية السياسية تمهيداً لحوار من أجل لبنان وليس من أجل الطوائف.؟

إن المرحلة التي يعيشها لبنان اليوم في التحضير لإعادة بنائه تشبه المرحلة التي عاشها قبل اندلاع الحرب فيه. ومن هنا تبرز أهمية اليقظة والحذر في جميع تصريحاتنا ومواقفنا لتفويت الفرصة على

الراغبين الاصطياد في الماء العكر والمراهنين على متغيرات إقليمية ودولية تخدم مصالحهم وأهدافهم.

وإذ تمخض عن اجتماعات قرنة شهوان الاعلان عن وثيقة بعنوان "من أجل الحوار" نأمل أن تتعمم اللقاءات بمشاركة جميع اللبنانيين بانتظار اليوم الذي ستصدر فيه وثيقة تحمل عنوان: "حوار من أجل مستقبل لبنان".

من نشوة الانتصار إلى حكمة القرار!

2001/5/30

عاد الخامس والعشرون من أيار، يوم المقاومة والتحرير، ليعيد إلى أذهان اللبنانيين الذكرى التاريخية الأولى لخروج قوات الاحتلال الاسرائيلية التي انهزمت أمام عظمة صمود الشعب وخياره الواثق في دعم المقاومة الوطنية الباسلة.

وفي أجواء الذكرى هذه، يعيش اللبنانيون نشوة الانتصار الذي ولد من رحم آلام طويلة عانى منها لبنان في حروب على الحدود وحروب أخرى داخل الحدود بسبب الاحتلال واغتصاب السيادة الوطنية ومصادرة الحريات العامة والتعدي على حقوق الانسان.

غير أنه، في أجواء الذكرى هذه ورغم نشوة الانتصار، يعترينا الخوف والترقب وسط الغليان الدائر اليوم في المنطقة لنسأل مجدداً كما سألنا بالأمس: ماذا بعد الانتصار؟ وماذا بعد الاحتفالات لنقيم للانتصار معنى يضمن له الاستمرار والاستقرار..

فإذا ما استعرضنا التصريحات التي أدلى بها أهل السياسة في لبنان خلال الاحتفالات بذكرى التحرير نتبيّن الاجابة على تساؤلنا على لسان الجميع وقد أجمعوا على تحية المقاومة الوطنية ودعوا إلى استكمال التحرير وتعزيز الوحدة الوطنية والالتفاف حول الدولة وتجاوز حدود الطوائف والتجاذبات الضيقة واستخدام الحوار الديمقراطي كلغة حضارية بعد أن فشل حوار العنف والاستفزازات السلبية، إلى غيرها من الشعارات التي تبدو لسامعها أنها "أول الغيث" الذي طال انتظاره.

أما إذا ما استعرضنا المواقف على الأرض، فإنها تبدو مغايرة للتصريحات حتى أن التحرير يأخذ أشكالاً مختلفة. فمنهم من يرى

أنه انتصار لبعض اللبنانيين ومنهم من يرى أنه انتصار على البعض من اللبنانيين. وفي مبادرة وليد جنبلاط لإطلاق الحوار مع جميع الفئات اللبنانية قبيل الانتخابات النيابية، منهم من بارك الخطوة ومنهم من انتقدها حتى أخذ الغيّ في بعضهم إلى إلصاق التهم والتشكيك بدور جنبلاط الوطني.

كذلك حصل بالنسبة لبيان المطارنة الموارنة الصادر في أيلول عام 2000. فمنهم من اعتبره بياناً وطنياً يصلح لأن يكون ورقة عمل لبدء الحوار ومنهم من رأى فيه بياناً طائفياً لا تراعى فيه مصلحة الوطن بقدر ما تراعى فيه مصلحة الطائفة. كذلك قل بالنسبة لوثيقة قرنة شهوان الصادرة في نيسان 2001 وبيان المنبر الديمقراطي الذي صدر مؤخراً في أيار 2001.

وإزاء هذا الوضع المتردي والمتردد، هل يمكننا تحديد معالم المستقبل الذي نسير إليه وقد أثقلت كاهل المواطن هموم كثيرة لم يعد يتحمل معها عبء الانتظار؟

فمن قراءة بسيطة للبيانات والتصريحات والمواقف الصادرة عن مختلف الجوانب حتى تاريخه يمكننا القول أن المحاولات الجارية لبدء الحوار الوطني وإن لم تكن متفقة بالشكل والنهج إلا أن قواسم مشتركة كثيرة يلتقي عليها اللبنانيون، تصلح لأن تكون مدخلاً إلى طاولة الحوار ومنها اعتبار اتفاقية الطائف الأرضية الصالحة لبدء الحوار الوطني والتخلي عن لغة العنف والتحدي التي أثبتت فشلها على مدى سنوات طويلة، علّ في احترام الرأي والرأي الآخر ـ إذا ما حصل ـ ما يؤدي إلى بلورة الموقف وتوضيح الرؤية.

لم يعد يتحمل لبنان أن يكون حقلاً للتجارب بعد أن تكشفت النوايا الخبيثة الرامية إلى عزله عن محيطه العربي لتعبث إسرائيل بأمنه واستقراره وأرضه ومياهه. وقد ثبت على مر التاريخ أن أمن لبنان هو من أمن المنطقة المحيطة به. لهذا يجب أن يكون للبنان

الدور الواعي والملتزم في التعاطي مع المستجدات، أياً كان نوعها، كالشريك المعني بالقرار وليس كالمتفرّج عابر السبيل. أضف إلى أن الحرب الدائرة، مهما قيل فيها، فهي حرب أميركية إسرائيلية مخطط لها، تستهدف المشرق العربي الخازن للبترول والمياه والمعادن.

والأهم من كل هذا أن نعي بصدق بأن لا بديل عن وحدتنا الوطنية لتحقيق كل مطلب وطني، فنعمل على تحصين الوضع الداخلي بحيث نخلق الجبهة المنيعة القادرة على رد كل الاغراءات والاختراقات التي تعصف بالوطن ونرفض كل ما ثبت فشله في ممارسات سابقة ونتخلص من رواسب الماضي ومركبات النقص التي خلفتها الارادات الأجنبية المختلفة في لبنان وجعلت منه كيانات صغيرة تغذيها النعرات الطائفية والشعارات الفئوية الاقطاعية. فالوطن الواحد لا يصان إلا بالارادة الواحدة. وهذا هو التحدي الكبير الذي يواجهنا به "الانتصار" بعد مرور سنة كاملة على التحرير. فهل نقبل التحدي..؟

نقف اليوم، في الذكرى الأولى للمقاومة والتحرير، لنردد الهتافات ونتبادل التهنئة في نشوة عارمة وفرحة لا توصف وفي داخل كل منا شعور بالخوف ذلك أن المرحلة المقبلة من حياة لبنان هي أكثر دقة من سابقاتها وربما أكثر خطورة. إننا على المحك جميعاً: فإما أن نستفيد من تجربة الماضي التي شلت الهمم وأقعدت فينا الآمال، فنعقد السواعد على رسم خطوط واضحة قادرة على حماية الانتصار وأما الويل الويل من الآتي الأعظم.

الإرادة لنا والقرار بأيدينا وقد آن لشعبنا أن يستفيق من نشوة الانتصار ليسير بوعيه إلى حكمة القرار.

❖

القمة الفرنكوفونية وحوار الثقافات

2002/10/16

يتزامن عقد القمة الفرنكوفونية في بيروت مع ارتفاع حدة الغليان الأمني في منطقة الشرق الأوسط وتأثيراته على الساحتين الاقليمية والدولية، ووسط التحضيرات المتسارعة التي تجريها الولايات المتحدة الأميركية لتبرير حربها المعلنة على العراق حيث باتت الصورة أوضح اليوم والاتهامات أكثر تركيزاً.

فبعد أن كانت الولايات المتحدة تسوّق فكرة ضرب العراق لحيازته على أسلحة الدمار الشامل، ما يهدد الأمن الدولي، وكان بنتيجته أن ربح العراق الجولة بموافقته على عودة المفتشين الدوليين إلى بغداد وبرهن ذلك على احترامه للأسرة الدولية وللمواثيق والقرارات التي تصدر عنها، وقطع بالتالي الطريق على كل المروّجين للفكرة، اتجهت الادارة الأميركية إلى استعمال ذريعة أخرى، ربما كانت أكثر فعالية في عملية التسويق الاعلامي، وهي القضاء على النظام الديكتاتوري المتمثل بصدّام حسين وتحرير الشعب العراقي من براثنه. أضف إلى ذلك اتهام العراق بالتنسيق مع منظمة "القاعدة" للقيام بأعمال إرهابية وضرب المصالح الغربية في سائر أنحاء العالم. وقد بلغ الاتهام هذا ذروته في تصريح للرئيس بوش على أثر الانفجار الذي وقع في بالي - اندونيسيا منذ أيام قليلة ونسب إلى جماعة تنتمي إلى"القاعدة"، حيث قال: "إن حربنا القادمة ستكون على جبهتين: العراق وفلول القاعدة. وإن السكوت عنهما وعدم تحجيمهما في هذا الوقت بالذات

ينذر حتماً بقيام عمليات إرهابية أخرى ستعمّ العالم الديمقراطي المتحضّر".

هذا من جهة، وتشهد المنطقة من جهة أخرى استمرار الاعتداءات الاسرائيلية على الشعب الفلسطيني المحاصر وتحرشات إسرائيل اليومية على السيادة اللبنانية في مزارع شبعا واستيلائها على مياه الوزاني، في إطار خطة أميركية ـ إسرائيلية ترمي إلى جر المقاومة اللبنانية للرد عليها وزج "حزب الله" بالتالي (الذي أدرج على قائمة الارهاب) في أعمال عسكرية تبريراً لضرب لبنان وسوريا كمرحلة ثانية بعد ضرب العراق.

هذه الصورة البشعة تبدو جلية اليوم في شريط التطورات الأمنية التي تشهدها منطقة الشرق الأوسط في الوقت الذي تعقد فيه القمة الفرنكوفونية في بيروت.

ويشير بطرس بطرس غالي الأمين العام للمنظمة الفرنكوفونية في مؤتمر صحافي عقده في بيروت: "إن انعقاد قمة الفرنكوفونية للمرة الأولى في بلد عربي وتحديداً في لبنان بعد انعقاد القمة العربية فيه، دليل آخر على أن هذا البلد ينهض من بين الركام ليستعيد دوره في العالم وإن رسالة لبنان كما هي الفرنكوفونية في موضوع التنوّع الثقافي وحوار الحضارات، تسمح بأنسنة العولمة وجعلها أكثر ديمقراطية".

كما أكد أحمد ماهر وزير خارجية مصر، لدى وصوله إلى بيروت، أن القمة الفرنكوفونية ستخرج بمواقف محددة من المواضيع المطروحة وخاصة موضوع فلسطين وسلوك السبل المختلفة لوضع حد للسياسات العدوانية الاسرائيلية ودعم العراق في إطار الالتزام بالشرعية الدولية وبقرارات الأمم المتحدة، كذلك دعم لبنان في ممارسة حقوقه المشروعة على مياه الوزاني.

تبدو هذه التصريحات مطمئنة بعض الشيء لأنها تعني في جوهرها الوقوف بوجه العناد الاسرائيلي الرافض لكل القرارات

والتوصيات الدولية، وبوجه الولايات المتحدة الأميركية الآخذة بتعبئة العالم ضد العراق تمهيداً للانقضاض عليه والسيطرة من هناك على منابع النفط وإعادة رسم الخريطة الجديدة للمنطقة. إلا أن التجارب علمتنا أشياء كثيرة ومنها أن مثل هذه التصريحات الطنانة تصلح كعناوين تتصدّر الصحف ليس إلا وشتان ما بينها وبين الواقع.. والبراهين على ذلك كثيرة.

إن الدول المشتركة في القمة الفرنكوفونية تفوق الخمسين وجميعها أعضاء في منظمة الأمم المتحدة وما مقررات وتوصيات القمة سوى ترجمة لمقررات وتوصيات الأمم المتحدة ذاتها. ونتساءل هنا ما هي التدابير التي اتخذتها هذه الدول في السابق بحق إسرائيل التي ترفض تكراراً الانصياع لقرارات الأمم المتحدة والارادة الدولية؟ البعض ندّد والبعض الآخر استنكر والغالبية العظمى لازمت الصمت. وهل لمثل هذه المواقف، على تنوّعها، مفاعيل حسية قادرة على تغيير الأمر الواقع؟ الجواب بكل بساطة.. طبعاً لا! إذن ماذا ينتظر لبنان من القمة الفرنكوفونية؟ وماذا ينتظر العرب خاصة في هذه المرحلة الدقيقة التي تمرّ بها منطقة المشرق العربي في كياناتها المختلفة..؟

يرى بعض المتفائلين أن انعقاد القمة في بيروت سيتيح للبنان تحقيق مصالح عدة على الصعيدين السياسي والاقتصادي. فمن الناحية السياسية سيتسنى له شرح الموقف العربي للدول المشاركة عن كثب بحيث يستحصل على مقررات وتوصيات تخدم المصلحة العربية العليا. ومن الناحية الاقتصادية سيعرض للمشاريع الانمائية المعدة للتنفيذ على أمل الحصول على المساعدات والتسهيلات (من فرنسا خاصة) تعزيزاً لدوره وجهوده المتواصلة في لقاءات الفرنكوفونية.

وإذا كنا لا نوافق المتفائلين الرأي فليس لأن لدينا نظرة تشاؤمية للوضع الراهن بل لأننا نؤمن بأن الوقت قد حان للتعاطي مع الأحداث بشكل يتناسب مع أهميتها وخطورتها إلى جانب كون الطريقة الكلاسيكية قد أثبتت فشلها وأغرقت دولنا بالوعود والديون والفوائد..

إن انعقاد القمة الفرنكوفونية في بيروت هو فرصة للبنان والعرب لطرح القضية بحقيقتها ومن بابها الواسع:

ليس بالبكاء واستدرار العطف على الحقوق الضائعة.

ولا بالتذكير بالقرارات الدولية ووجوب فرض العقوبات على الانتهاكات المتكررة.

ولا بالتأكيد على العلاقات التاريخية التي تربط فيما بين دول الفرنكوفونية أو على الصداقات الشخصية القائمة بين البعض من رموزها.

وإنما بالطرح الموضوعي للمشكلة ـ المؤامرة التي إذا ما تمت فصولها، شكلت خطراً حقيقياً ليس على المنطقة العربية وحسب وإنما على سائر دول العالم بما فيها دول الفرنكوفونية حيث ستنفرد الولايات المتحدة بأحادية ثقافية واقتصادية وعسكرية.

هل للقمة الفرنكوفونية التي جعلت شعارها لهذا العام "حوار الثقافات" أن تتخلى عن دورها الثقافي والاقتصادي والعسكري في العالم لمصلحة السيطرة الأميركية؟

من هنا يبدأ الحوار في لعبة الأمم. فإذا عرفنا سر هذه اللعبة كانت لنا المكانة اللائقة في سجل التاريخ..

الفرادة الدستورية

2003/4/30

المفاجأة التي تلّقاها اللبنانيون الأسبوع الماضي على أثر استقالة حكومة الحريري في هذه المرحلة الدقيقة والخطيرة التي تمرّ بها المنطقة الشرق أوسطية بعد احتلال العراق، تطرح أكثر من سؤال خاصة وأن الحكومة لم تنته بعد من "مشاريع" الخصخصة والتعيينات ومعالجة الأزمات الاقتصادية وغيرها من المشاريع المدرجة على جدول أعمالها.

وأول ما يتبادر إلى الذهن لدى سماع نبأ الاستقالة أن الحريري قد ملّ الانتقادات ومراعاة الخواطر والزيارات البروتوكولية ورأى في الهجمة الأميركية على المنطقة سبباً للتخلي عن موقع المسؤولية كي لا يضطر لاحقاً إلى الدخول في متاهات المساومات والتنازلات التي قد يفرضها عليه الأمر الواقع على أثر التهديدات الأميركية للنظام السوري حتى قبل الفراغ من "التحرير" الكامل للعراق.

غير أن الاستقالة هذه المرة لم تكن استقالة بالمعنى الكلاسيكي بل خطوة شكلية لإعلان التشكيلة الحكومية الجديدة في اليوم التالي للاستقالة مروراً بالاستشارات النيابية التي لا بدّ منها لاستكمال فصول التأليف "عملاً بالأعراف الدستورية"، وهذا ما يؤكد "الفرادة" التي يتميّز بها لبنان في ممارسته الديمقراطية: استقالة، تصريف أعمال، مشاورات، تكليف، تأليف.. وكل ذلك في غضون أربع وعشرين ساعة حتى أن البيان الوزاري من المرجح أنه كان

جاهزاً قبل الاستقالة "لكسب الوقت طبعاً" ولكن "الدستور" يوجب تأليف لجنة حكومية لصياغة البيان فتأخر الاعلان عنه بعض الشيء..

ولا يرى اللبنانيون غرابة في هذا "الاستعجال الدستوري" وقد تعوّدوا على مفاجآت أكبر، ومنها تعديل مادة واحدة من الدستور اللبناني ولمرة واحدة فقط وبإجماع نيابي قلّ نظيره ليتمكن الرئيس العماد إميل لحود أن يعبر، من خلاله، إلى سدة الرئاسة الأولى. غير أنهم كانوا يترقبون الحدث وما سيتمخض عن التأليف. وسرعان ما أصيبوا بالخيبة بعد الاعلان عن الحكومة الجديدة التي جاءت صورة عن سابقاتها باختلاف تبديل بعض الأسماء مما حدا بالبعض إلى تسمية التركيبة الوزارية الجديدة بالتعديل الوزاري.

الواقع أن ما كان ينتظره اللبناني بعد تلقيه نبأ الاستقالة هو أن يقدم رئيس البلاد على تأليف حكومة وفاق وطني تكون قادرة على تثبيت الجبهة الداخلية في مواجهة التحديات التي تعصف بالمنطقة وقد أبدى جميع الأفرقاء في الآونة الأخيرة القلق من الحرب على العراق وتداعياتها على لبنان، مما هيّأ المناخ الملائم للتلاقي والتعالي على الجراح وبالتالي فتح الفصل الأول من الحوار الوطني.. ولكن شيئاً من هذا لم يحصل.

وفي عودة إلى أرض الواقع بعيداً عن التوقعات المثالية، ومع الانتقادات الكثيرة التي تعرّض لها تأليف الحكومة الجديدة نطرح السؤال التالي: هل حقاً كان من السهولة تأليف حكومة وفاق وطني تضم الموالين والمعارضين في هذا الظرف بالذات أي في الوقت الذي تجتاح فيه القوات الأميركية منطقة المشرق العربي؟ الجواب طبعاً لا، إذا ما أخذنا بالاعتبار الموقف المبدئي للمعارضة وهو عدم المشاركة في حكومة لبنانية تحت مظلة سورية. وحتى شخصيات المعارضة فهي قسمان: منها من يرفض الدخول في الحكومة لمجرد رفض سلطة الوصي السوري ومنها من يرفض

الاشتراك في الحكم في مراهنة على الدور الأميركي في المنطقة الذي سيعمل على "تحرير لبنان" من النظام السوري كما فعل في "تحرير العراق" من نظام صدّام حسين.

لسنا هنا في معرض مناقشة المواقف الموالية أو المعارضة وإنما لنؤكد أن قيام وزارة متجانسة يطلق عليها اسم "حكومة وفاق وطني" هو أمر غير ممكن في الوقت الحاضر على الأقل. لا يمكن أن يعني هذا تشاؤماً أو ترقباً لحدوث أمر ما، بل إنه تحد واقعي لجميع اللبنانيين الراغبين في إنقاذ الوطن لكي يتابعوا السعي في تقريب وجهات النظر حتى يظفروا بالوحدة الوطنية لأن هذه الوحدة هي وحدها القادرة على إبعاد المؤامرات والنيل من سيادة الوطن أياً كانت الجهة المعتدية، وأن نعي جميعاً بأن الوحدة الوطنية هي ليست وحدة المسيحيين ولا هي وحدة المسلمين بل وحدة اللبنانيين وأن السياسة الكيدية التي يمارسها البعض بدوافع طائفية لا تخدم إلا التباعد والصدام وتؤخر قيامة الوطن.

المفاجأة والانتظار جعلا المواطن اللبناني يعيش نشوة قيامة الوطن في أسبوع قيامة السيد المسيح.. ربما أننا سننتظر ولادة حكومة جديدة لنتأكد جميعاً بأن المدخل كان من هنا.

التحرير فعل إرادة وممارسة مستمرة..

لمناسبة ذكرى يوم التحرير اللبناني في 25 أيار 2003

في الذكرى الثالثة لتحرير الجنوب اللبناني والبقاع الغربي من الاحتلال الاسرائيلي الذي استمر اثنتين وعشرين سنة عانى خلاله أهلنا في الجنوب كل أشكال القمع والتنكيل والحرمان، تجدر العودة إلى تقييم الموقف اللبناني على ضوء الخروقات الاسرائيلية ضد الشعب الفلسطيني والتي تصح تسميتها بـ "حرب إبادة" أضف إلى ذلك الحرب المدمرة الأخيرة على العراق واحتلال القوات الأميركية للمنطقة الخليجية بأسرها. لعل ما نتوقف عنده اليوم هو ذات ما كنا نخشاه يوم التحرير في العام 2000 حيث قلنا بأن انسحاب القوات الاسرائيلية من لبنان لم يكن نتيجة تفوّق عسكري لبناني تخاف منه إسرائيل أو تنفيذاً اختيارياً لقرار مجلس الأمن الدولي تخشى نتائجه وهي التي تضرب بعرض الحائط على امتداد خمسين سنة، عشرات القرارات التي تدين اعتداءاتها وانتهاكاتها، وإنما جاء انسحابها نتيجة ارتباك سياسي حين واجهتها المقاومة الوطنية مدعومة بغطاء شعبي ورسمي ودبلوماسي قلّ نظيره. وهنا لم يكن لها إلا خيار اللجوء إلى الخدعة (وقد اعتبرتها إسرائيل خطة ذكية) بحيث تترك أرض الجنوب فيعمّ الفلتان الأمني ويعود اللبنانيون إلى الحروب الطائفية الداخلية، ما يوفر عليها المال والرجال والعتاد لتقوم بعدها بالاستيلاء على المغانم بأقل كلفة ممكنة.

إن أهم ما يعزّز الانتصار وتحرير الأرض الوطنية هو الايمان بالحق والارادة الملتزمة بالدفاع عنه بسائر الوسائل المشروعة

وفي طليعتها المقاومة الوطنية التي تقرّها الشرعة الدولية للأمم المتحدة. وكنا ننتظر أن يلتفّ اللبنانيون حول هذه الحقيقة الكاشفة لحقهم والضامنة لوجودهم والدافعة لوحدتهم بوجه أعداء لبنان الطامعين بأرضهم وسيادتهم وأن في وحدتهم قادرون على إسقاط رهان العدو ولا معنى بغيرها للتحرير والانتصار..
إلا إننا وللأسف وقعنا في ما كنا نخشاه: لم تتحقق وحدة اللبنانيين لا بل زاد في شقاقهم التنديد والتشكيك والاتهام. ولم يتمكن بعضهم، حتى الساعة، الفهم والاستيعاب بأن في فعلهم هذا يرجّحون كفة رهان العدو القائم على تفكيك الجبهة الداخلية بأيدٍ لبنانية خاصة عندما يكون الموضوع المساس بسيادة لبنان والمقاومة الوطنية العاملة على صون هذه السيادة.
تتعالى بعض الأصوات اليوم لتسأل: لماذا لم تقدم الدولة بعد على تجريد حزب الله من سلاحه طالما أنه قد تم انسحاب قوات الاحتلال وعاد الجنوب إلى أهله وبالتالي لم يعد هناك من سبب لاستمرار حالة المقاومة؟ الجواب على هذا السؤال بسيط للغاية وهو أن مزارع شبعا اللبنانية لا تزال تحت الاحتلال وليس من الحكمة إلغاء حالة المقاومة إلا بعد زوال حالة الاحتلال. غير أن التوتر والتشنجات الطائفية التي يستخدمها البعض في معالجة القضايا المصيرية قد أدت بهم إلى التشكيك بدور المقاومة وحتى إلى إنكار لبنانية مزارع شبعا، عن جهل أو تجاهل، مما أوحى للعدو باستغلالها وتوظيفها ضد لبنان واللبنانيين كافة، بمن فيهم المشككين، وكان من نتائجها إدراج حزب الله على لائحة الارهاب الدولي كتمهيد لإعادة احتلال لبنان في وقت لاحق في إطار الحرب على الارهاب التي تقودها الولايات المتحدة الأميركية.
ونلفت النظر هنا إلى أن التدبير هذا جاء مخالفاً لتوصيات وقرارات الأمم المتحدة التي تعترف بشرعية المقاومة اللبنانية بوجه إسرائيل عملاً بالقوانين الدولية المرعية الإجراء.

في الذكرى الثالثة للتحرير، وفي قراءة واقعية لما يجري في منطقة المشرق العربي، تقضي الضرورة بإعادة النظر بالمواقف السابقة والتأكيد على الثوابت التالية:

أولاً: ليس من مصلحة أحد الاستمرار بحالة التشنج والتشكيك وأن الرهان الوحيد المشروع للجميع هو الرهان على الوحدة الوطنية ورفض كل معوقاتها.

ثانياً: ضم الصوت اللبناني إلى الأصوات العالمية المطالبة بعودة هيبة الأمم المتحدة بعد أن خذلتها الولايات المتحدة وشنت الحرب على العراق بدون مسوّغ شرعي.

ثالثاً: شرح وجهة النظر اللبنانية على جميع المستويات، ولدى الأمم المتحدة خاصة، لشطب اسم حزب الله، الرمز الذي اقترن اسمه بالمقاومة الوطنية، عن لائحة المنظمات الارهابية.

والأهم من كل هذا أن يفتح باب الحوار بين اللبنانيين دون قيد أو شرط كمدخل للوفاق الوطني وأن يعترف الواحد بالآخر، رغم الفروقات بينهم، بروح من الجدية والمسؤولية. ففي غمرة الأحداث المتلاحقة التي اجتاحت المنطقة، من تدمير للضفة والقطاع في فلسطين على أيدي الاسرائيليين، إلى تدمير العراق واحتلاله على أيدي الأميركيين والبريطانيين، ستبقى المقاومة اللبنانية في الذاكرة العربية وفي ذاكرة العالم القدوة والهداية لكل المتطلعين إلى الحرية والاستقلال. وعلى جميع اللبنانيين دون استثناء يقع واجب الحفاظ على هذا الانجاز الرائع لأن التحرير ليس احتفالاً آنياً وحسب وإنما فعل إرادة وممارسة مستمرة.

في مواجهة التحديات وحماية الوطن

2003/6/25

بالرغم من الأخبار السوداء التي يتناقلها المواطنون عن واقع الحال في لبنان ومحيطه العربي خاصة في هذه الأيام بعد احتلال العراق والشروع في خارطة الطريق المقترحة لإنهاء النزاع الاسرائيلي - الفلسطيني والتي ستنعكس نتائجها حتماً على لبنان سلباً أو إيجاباً، وبالرغم من تضارب التصريحات والمواقف اللبنانية والعربية حول ما يجري من تغييرات في المنطقة والتي تستهدف ضرب كل أشكال المقاومة التي تقف حجر عثرة في رسم "الطريق" الاستعمارية الجديدة. وبالرغم من التفجيرات الأمنية في كل من بغداد وغزة وبيروت (مؤخراً)، وبالرغم من تحذيرات البعض بأن لبنان يتوقع عدواناً إسرائيلياً قريباً على أراضيه..

فبالرغم من كل هذا، تجد من يحدّثك عن استتباب الأمن واستقرار السوق وازدهار الاقتصاد وجمال العيش في بيروت مستشهداً بالسيارات الفخمة التي تجوب شوارع العاصمة، وبمنطقة "السوليدير" خاصة، التي تعجّ بالروّاد ليلاً ونهاراً وكأنها "البارومتر" الدقيق الذي يؤشّر على استقرار البلد، واصفاً الدنيا "بألف خير" متجاوزاً الصراعات القائمة بين الرئاسات والتناقضات في تصريحات المسؤولين التي تزيد، يوماً بعد يوم، في قهر المواطن العاجز عن المواجهة والمطالبة بالحق.. والقائمة في هذا المجال تطول وتطول.

إن أهم ما يواجه لبنان واللبنانيين اليوم هو كيفية التعاطي مع الأحداث المتسارعة والمشاريع الجديدة التي تطرحها الادارة الأميركية في المنطقة بالنسبة لخارطة الطريق خاصة بعد أن وضعت الانتفاضة الفلسطينية والمقاومة الوطنية اللبنانية على قائمة الإرهاب وحذرت جميع الأنظمة العربية من دعم وتمويل هذه التنظيمات تحت طائلة المسؤولية. وهذا يعني أن تضرب الادارة الأميركية بيد من حديد كل من يقف في طريق مشاريعها وهيمنتها على المنطقة. وتجدر الاشارة هنا إلى التأكيد أن الوضع ليس بالأمر السهل كما يتصوّره البعض وأن الوقوف بوجه التحدي يلزمه التروي والحكمة. ومع هذا ترى المسؤولين في لبنان يتصرفون على الطريقة الكلاسيكية وكأن ما حصل ويحصل في المنطقة أمر عادي يواجه بالتصريحات والخطابات و"البهورات"، باستعمال كلمات طنانة لتسجيل موقف سياسي جل ما يطلب صاحبها بالمقابل هو تصفيق الجماهير.

والأمثلة على هذا الواقع كثيرة وخاصة أن قراءة الموقف السياسي تختلف من جهة إلى أخرى إذ يرى البعض بأن الخطة من وراء طرح خارطة الطريق، إنما ترمي إلى الايقاع بين السلطة الفلسطينية الممثلة بـ "أبو مازن" من جهة والانتفاضة الشعبية الممثلة بالفصائل المسلحة لإضعاف عنصر المقاومة وفرض الحل الذي يوفر الأمن الإسرائيلي على حساب الحقوق الفلسطينية المشروعة. بينما يرى البعض الآخر أن خارطة الطريق هي التمهيد لحل شامل في المنطقة وفرصة نادرة للشعب الفلسطيني يجب استغلالها والرضوح للإرادة الأميركية بوقف الانتفاضة والعمليات الاستشهادية بغية تحقيق الحلم بقيام دولة فلسطينية تعترف بوجودها كل من إسرائيل والولايات المتحدة الأميركية. ويضيف أصحاب هذا الرأي أن لا شأن للبنان بهذه "الخارطة"

طالما أن القوات الإسرائيلية قد خرجت من أراضيه عام 2000 "تطبيقاً لقرار مجلس الأمن رقم 425."

والمشكلة ليست في تباين وجهات النظر، وهذا أمر ضروري في الحروب والقرارات المصيرية، وإنما في التصعيد الكلامي والاستفزاز وتراشق الاتهامات التي يطلقها البعض بوجه الآخرين في معرض شرح وجهة نظره أو في الرد على منتقديه ليخلص بأن ما يقوله هو بمثابة الآية المنزلة التي لا تقبل التغيير أو التعديل. قد نفهم بأن البعض ربما تنقصه المعرفة بأن للحوار آداباً يجب مراعاتها وأن أسلوباً مثل هذا يباعد في وجهات النظر بدلاً من تقريبها وينعكس سلباً على حياتنا الوطنية. ولكن يبدو وللأسف، أننا لم نتعلم شيئاً من الحرب الأهلية القذرة التي دارت رحاها في لبنان على امتداد عشرين سنة وكانت من أهم أسبابها التجاذبات الرخيصة والتشنجات الكيدية التي دفع لبنان بنتيجتها الثمن غالياً من كيانه واستقلاله وسيادته.. ولا يزال.

إن ما يتطلع إليه شعب لبنان هو أن تحزم الدولة أمرها وتقف الوقفة التاريخية في مصارحة عامة مع مواطنيها في حوار وطني جدي. إن لبنان بجميع فئاته الدينية والسياسية، تواق إلى إشراقة الحرية وإلى الخروج من بلبلة الفوضى والتناقضات إلى وضوح الموقف والرؤية.

إننا نجتاز امتحاناً عسيراً لا ضمانة لنجاحنا فيه بغير تعزيز الوحدة الوطنية وإن الحوار الوطني هو المدخل الوحيد إلى هذه الوحدة التي نشتاقها اليوم أكثر من أي وقت مضى لمواجهة التحديات وحماية الوطن..

الأجل آتٍ ولو بعد حين..

2003/8/20

تشهد الساحة السياسية في لبنان اليوم سيلاً من التصريحات المتضاربة بعد الإعلان عن دعوة الهيئات الناخبة في دائرة جبل لبنان الثالثة، أي منطقة بعبدا ـ عاليه، لانتخاب خلف للنائب المرحوم بيار حلو. فمنهم من يرى بأن يكون هنري بيار حلو مرشح تزكية لتجنب ما قد تجرّ إليه المعركة الانتخابية من خضات وإثارة للحساسيات بين رموز الموالين للحكم والمعارضين له وحجتهم تفادي وقوع ما يعكر الأجواء الأمنية و"الوفاقية" خاصة أن مشهد معركة المتن الانتخابية ما زال عالقاً في الأذهان.. ومنهم من يشدّد على رفض "بدعة" التزكية وإجراء عملية الانتخاب، من حيث المبدأ، لأنها الشكل الأمثل للعبة الديمقراطية والاختيار الحر. وبين هذين الرأيين المتناقضين يتراوح عدد من التصريحات والمواقف، المتشددة منها والمتراخية، كما هو الحال في مواجهة كل استحقاق وطني.

والطريف المضحك أن تصاغ الخطابات والتصريحات، في استحقاقات كهذه، على مبادئ إنسانية مثالية حتى ليبدو السياسيون في لبنان وكأنهم أصحاب نظريات أو مدارس فلسفية وأنهم رسل من عند الله جاءوا لإنقاذ هذا الشعب الذي طال انتظاره للخلاص وكاد أن يفقد الأمل. ويعيدنا هذا المشهد إلى سائر المشاهد "الفولكلورية" الأخرى في لبنان التي تشكل رسماً مثالياً في

ظاهرها وواقعاً مأساوياً في حقيقتها والضحية، على مر الأزمان، هو المواطن.

فمنذ اليوم الأول الذي أعلن فيه عن استقلال لبنان، يوم ظنّ البعض أن بلدهم أصبح سيّداً حرّاً مستقلاً، كانت تتجه إرادة المنتدب أو المستعمر إلى أن يقيم نوعاً من التحالف بين الإقطاعية والطائفية، للهيمنة على مقدرات الوطن والمواطن ولا فرق لديه بين زيد أو عمر. فكل ما يحرص عليه المستعمر هو تنفيذ إرادته من خلال نظام محلي يخدم مصالحه الاقتصادية والسياسية على الصعيدين الاقليمي والدولي والحفاظ على تخلف الشعب بقبول الأمر الواقع. ولم يجد أفضل من استخدام تحالف الاقطاعيين وزعماء الطوائف لبلوغ الغاية إذ لا خوف على هؤلاء من كسر قيد الطاعة العمياء لأنهم بحاجة إلى القوة الأجنبية للحفاظ على امتيازاتهم بوجه الانتفاضات الشعبية إذا ما قدّر لهذا الشعب أن يتنبه إلى حقوقه الضائعة أو إلى مصالح الوطن المهدورة. واستمر الرضوخ للأمر الواقع على حاله حتى وصلنا اليوم إلى ما نحن عليه من فساد وتراجع واستهتار واستباحة للقيم والحريات.

ومنذ فجر "الاستقلال" حتى يومنا هذا، بدلاً من أن نكسر القيد الذي يعطّل نمونا ويعوق مسيرة تقدمنا، أخذنا نتراجع القهقرى في التوتر وشد حبال الطائفية وفي الاستزلام الأعمى وتدعيم أصول الاقطاعية. أضف إلى ذلك نمو إقطاع الرأسمالية الذي بلغ أوجه في عهد لبنان الحديث وقد بات أشد خطراً، ليس على الديمقراطية والحريات وحسب، بل على كينونة الوطن المثقل بالأعباء والديون والخوف أن يكون ذوبان هذا الوطن ثمناً لحل المعضلة.

نعرض لكل هذا لنؤكد أن مشكلة لبنان تكمن في أساس تركيبته القائمة على رمال متحركة وليست بالتالي مشكلة عهد أو رئيس أو وزير. وإن التصريحات السياسية التي تطلق من هنا وهناك، وإن كانت في أساسها للتحريض وتحريك الرمال، إنما ترتكز على

أصول جاءت في نص الدستور أو "أشباه الدستور" كميثاق 1943 واتفاق الطائف والتعديلات الدستورية القياسية "لمرة واحدة". وهذه التصريحات ليست في حقيقتها سوى كلام مفرغ من محتواه يصبّ في الخطاب الطائفي الاقطاعي الذي أوجدته الارادة الأجنبية وأنتجه النظام القائم في لبنان ويحاول الجميع ما استطاعوا، معارضون وموالون، أن يلبسوه الرداء الوطني.

يستغرب البعض كيف يطالب البعض الآخر اليوم بتزكية هنري حلو لخلافة أبيه مشدداً على ضرورة التمسك باللعبة الديمقراطية ثم يسترسل بالضرب على سدان العهد "القامع للحريات والعامل على التفرقة والفاقد لثقة الشعب" إلخ... ويرى آخر أن اقتراح تزكية هنري حلو للانتخابات المقبلة هو قطع الطريق على المعارضة ومحاولة لاستمالة حلو إلى حظيرة العهد باعتبار أن فوزه في منطقة بعبدا عاليه هو شبه مضمون.. فمن حيث المبدأ لا شك أن المطالبة بالتزكية هي دعوة لتعطيل الحياة الديمقراطية ولكن! هل إنها المرة الأولى التي تلبس فيها العباءات في عادات وتقاليد السياسة اللبنانية؟ من المؤسف القول أنها أصبحت هي العادة المألوفة في عهود الاستقلال كافة، بدءاً من عهد بشارة الخوري واستمراراً إلى هذا العهد، وما دونها هو الشواذ.

يستوقفنا هذا التقليد "الحضاري" ليس لأهمية الموضوع الذي يطرحه وإنما لكونه أحد أشكال الحالة السياسية في لبنان التي تشغل المواطن بالقشور، عند كل استحقاق، وتبعده بالتالي عن همومه الحياتية والسؤال عن مصيره الذي بات في عالم مجهول.

السؤال الذي يحتاج إلى جواب بعد أن نزلت القوات الأجنبية في المنطقة، على أثر احتلال العراق، وبدأت التحضيرات لرسم الخرائط الجديدة: هلا تزال الحاجة قائمة، كما في السابق، إلى

استخدام الاقطاع الثلاثي في لبنان ودول الجوار لإحكام السيطرة على المرافق الاقتصادية وتنفيذ إرادة المحتل؟
فإذا كان الجواب نفياً (وهو دون شك كذلك) فهل يستيقظ لبنان، حكاماً ومحكومين، معارضين وموالين، على حقيقة ما يجري ليدرك بأنه طال ليل الرقاد والأجل آتٍ ولو بعد حين..؟؟

إنعدام الرؤية واستمرار الليل الطويل..

2004/4/21

منذ مطلع شهر نيسان الجاري والأحداث غير المألوفة والمثيرة للقلق تتوالى على الساحتين الاقليمية والدولية: من تأجيل للقمة العربية واغتيال الشيخ أحمد ياسين وبعده الدكتور عبد العزيز الرنتيسي على أيدي قوات الاحتلال الإسرائيلية، إلى غليان الضفة والقطاع الفلسطينيين وإنتفاضة العراق بوجه الاحتلال الأميركي.. من توسيع دائرة الحلف الأطلسي وازدياد القواعد العسكرية، إلى توسيع دائرة التهديدات الأميركية التي تتلقاها سوريا والمقاومة الوطنية في الجنوب، إلى تصريحات "قادة الحرب على الارهاب" الأميركيين والاسرائيليين حول مشروع الاصلاحات الديمقراطية ومستقبل منطقة الشرق الأوسط (بما فيها لبنان طبعاً). أضف إلى ذلك الأحداث المحلية الواقعة في الداخل اللبناني التي تزيد يومياً في الخلل الحاصل في البنى الاقتصادية والاجتماعية والتربوية وقد أمسى البلد على "كف عفريت".. وكأن نيسان الذي يأتي في كل عام ليبشر بانقضاء الشتاء المظلم وإطلالة الربيع الزاهي، يحمل في طياته لهذا العام ما ينذر بانعدام الرؤية واستمرار الليل الطويل..

وفي هذا الخضم المظلم الذي سقطت معه كل الحسابات والمعايير التقليدية، وفي هذه الضبابية المربكة للوضعين السياسي والاقتصادي، كنا ننتظر في لبنان وفي سائر دول المشرق العربي، هذه المنطقة المعنية أكثر من غيرها بالحصار الأميركي الإسرائيلي والخاضعة لتلقي التحولات الجديدة في "الاصلاحات

الديمقراطية" المزعومة، كنا ننتظر أن تعلن حالة من الطوارىء تعمل خلالها الحكومة على دعوة جميع الفئات السياسية، الموالية منها والمعارضة، إلى المشاركة في مؤتمر وطني يطرح سائر الاحتمالات ويخرج بتوصيات تتناسب مع خطورة المرحلة كالحد من المناكفات السياسية وتقديم التنازلات الشخصية التي تخدم وحدة الصف والموقف، أو التوصية بالتقنين في الماء والكهرباء والكماليات والتقليل من الانفاق إلا على المواد الاستهلاكية الضرورية تحسباً لما قد يطرأ على سائر المرافق الاقتصادية، أو غيرها من التدابير الاحترازية لمواجهة المفاجآت في مثل هذه الظروف المصيرية غير العادية. غير أن شيئاً من هذا لم يحصل.. وما يحصل بالفعل هو العكس تماماً: فعلى صعيد الشأن السياسي، فإن التجاذبات بين فريقي الموالين والمعارضين هي على أشدها خاصة في هذه الأيام مع اقتراب موعد الانتخابات البلدية حيث ينشغل السياسيون بتأليف اللوائح في مختلف المناطق..

وعلى صعيد الشأن الاقتصادي، فليس من حسيب أو رقيب على ما يجري فيه ولا من شعور لدى أحد بضرورة إجراء أي تعديل على الطريقة الاعتباطية المتبعة في التعامل مع السوق "فالدنيا بألف خير والاستقرار على ما يشتهيه المواطن". أما الحياة العامة في لبنان فهي كالعادة، أو كما يصفها كل مواطن زائر بعد غياب عن الوطن، لبنان جميل بكل ما فيه: البحر والجبل والسيارات الفخمة ومقاهي العاصمة "سوليدير" التي يلتقي فيها اللبنانيون ويسهرون حتى الفجر.. وهناك شيء جديد يجب إضافته اليوم إلى لائحة المزايا اللبنانية الفريدة، بعد أن قطع لبنان أشواطاً بعيدة في "ممارسة الحريات"، هو ممارسة العراء في الأماكن العامة..

وهذا الاقتراح لم يكن ليخطر ببالنا لو لم تحصل سابقة من هذا النوع حيث قامت سيدة في مكان عام ترقص على أنغام الموسيقى

الصاخبة بشيء من الإباحية (غير المألوفة اجتماعياً) من غير أن تصاب بالاحراج والخجل خصوصاً وأن الجميع يصفق لها (على شجاعتها)، مما زاد في إثارتها وحماسها ودفع بها إلى الرقص على طاولات الزبائن بأسلوب رخيص سمح بالكشف عن بعض محاسنها أمام جمهور الحاضرين. ولم تهدأ عاصفتها إلا بعد أن أفرغت على جسدها زجاجة من الشمبانيا كان قد قدمها إليها أحد المعجبين من غير أن تكون له معرفة سابقة بها.. ليست هذه الرواية من وحي الخيال ولا هي مستوردة من جزر الهاواي أو الباهاماس، إنها واقعة لبنانية وأبطالها لبنانيون ومسرحها مكان مشهور في وسط العاصمة بيروت.

تحضرني سابقة في هذا المجال وقعت منذ حوالي الشهر خلال برنامج "دافيد ليترمن" الأميركي حيث استقبل الفنانة "كورتني لوف" المعروفة بتعاطيها للمخدرات وميلها الجارف للجنس. فخلال المقابلة وبدون أي تحضير، فاجأت "لوف" مقدم البرنامج "ليترمن" برفع القميص الذي كانت ترتديه لتظهر ثدييها أمامه. وعلى الأثر حضر رجال الشرطة وتم توقيف الفنانة المعروفة ونسبت إليها تهمة العراء في الأماكن العامة لكون الفعل هذا مخلاً بالآداب العامة وعملاً يعاقب عليه القانون، هذا مع العلم أنها حين رفعت القميص كانت تدير ظهرها لجمهور الحاضرين..

إن شيئاً من هذا لم يحصل في بيروت. وهذا يعني أن مثل هذه القباحات ستتكرر من دون رقيب أو حسيب. ونسأل الذين يشددون في كل مناسبة على العودة إلى لبنان هروباً من الاباحية التي تؤذي أولادهم في بلاد الاغتراب، هل أنتم بمأمن من الاباحية في الوطن والشاهد الحي أمامكم..؟

نعود إلى سؤالنا التقليدي الذي نطرحه في كل مناسبة: على ماذا يراهن أبناء لبنان في تعاطيهم الكيفي مع تحديات المرحلة الصعبة التي نعاني منها مقيمين ومغتربين؟؟ الاستهتار يعم القطاعين العام

والخاص. التدابير الرسمية والأمنية شبه عادية إلا إذا حدث ما يهدد "أمن الدولة"، فتكثر الملاحقات والمداهمات والاعتقالات. أما إذا حدث ما يهدد البيئة والصحة والأخلاق، فيدخل هذا في إطار "الحريات العامة" المسموح بها ميدانياً (وليس قانونياً).

يبدو أننا في لبنان، نواجه تحديات "الديمقراطية" بحيث نظهر لأصحاب المشاريع الاصلاحية أننا سبّاقون في احتضان الديمقراطية وإطلاق الحريات، لا بل متفوقون على مبتكريها وصانعيها، فنبعد عنا أشباح التشكيك والتهديد. وما مثل هذه الممارسات في الأماكن العامة، سوى مثال الانتفاضة بوجه "التخلف" وشكل من أشكال التفوق "الحضاري".

عندما تتحول مياه الخراطيم إلى رصاص قاتل..

2004/6/2

مهما حاولت السلطات اللبنانية "ضبضبة" أو "لفلفة" المضاعفات الأمنية للحوادث الدامية التي وقعت الخميس الماضي، والتي أودت بحياة بعض المواطنين وأدت إلى جرح عدد غير قليل من مدنيين وعسكريين، إلا أنه لا يمكننا تجاهل التداعيات السياسية التي ستنجم عنها عندما ستُطرح الأسئلة والتساؤلات حول ما جرى، ولماذا، ومن هو المقصود، ومن هو المستفيد، إلى آخر المعزوفة التقليدية في مثل هذا الوضع. غير أن سؤالاً كبيراً سيطرح نفسه ويطفو فوق كل الافتراضات والاحتمالات أو ربما التسويات... إلى أية هاوية يسير إليها لبنان ؟؟

جاء المشهد الأمني الخميس الماضي ليوقظ في ذاكرة اللبنانيين مشاهد العنف والقتل والتدمير بعد أن كاد يمحيها النسيان من جهة، والاقتناع السائد لدى جميع الأفرقاء بأن لا عودة إلى العنف والسلاح بعد سنوات الحرب الطويلة التي عانى منها لبنان. غير أن الحالة الاقتصادية المتردية التي أصبحت هاجس المواطن العادي وحديث كل الناس باتت تهدد بالانفجار. وأقل ما يمكن القيام به، لتلافي العنف وردات العنف، هو التظاهر ومطالبة الدولة بالحق العادل. وهذا ما حصل بالفعل وقد كانت الاتحادات والنقابات العمالية قد دعت إلى التظاهر، في سائر المناطق اللبنانية، بعد أن حققت للمظاهرة الحماية والمرافقة الأمنية.. إلا أن

"حساب الحقل لم يكن على حساب البيدر" وجاء ما لم يكن ينتظره أحد.. ذلك أنه في أسوأ الحالات كان المتظاهرون ليواجهوا بخراطيم المياه، إذا اقتضت الحاجة، وليس برصاص قوى الأمن وعناصر الجيش فيقتل من يقتل ويجرح الكثيرون من الطرفين وكأن المياه في الخراطيم تتحول، من دون سابق إنذار، إلى رصاص قاتل..

وعلى أثر هذه الأحداث، عملت جميع القوى المتواجدة على الأرض، من حكومية وشعبية وحزبية ونقابية، على استنكار موجة العنف وإطلاق التهم العشوائية وتحديد المسؤولية والمسؤولين قبل أن يقبض على الفاعلين ويجرى التحقيق معهم. بينما راح المحللون أبعد من ذلك واعتبروا أن ما حصل يوم الخميس الدامي هو حلقة متداخلة في ما يجري في منطقة المشرق العربي في الوقت الراهن حيث يسرح الاحتلال الأميركي ويمرح في طول البلاد وعرضها. وإن يداً غريبة تدخلت لإثارة الشغب مستغلةً المطالب الشعبية المحقة، التي هي مطالب اللبنانيين كافة، لتمرير الخطة وإحراج الدولة اللبنانية، غير آبهة بالنتائج. فمهما قيل في هذا المجال، وأينما اتجهت أصابع الاتهام، تبقى الحكومة وحدها المسؤولة، ليس عن إثارة الشغب بالطبع، وإنما عن عدم كشف الفاعلين وتقديمهم إلى العدالة.

ماذا ستكون ذيول هذه الأحداث الدامية التي قوبلت بالاستنكار والشجب من جميع الفئات الحكومية والسياسية والنقابية. بل ماذا ستكون المضاعفات السياسية على هذا المفترق الهام من الاستحقاق الرئاسي وبالتالي الحكومي، ذلك أنه من السذاجة افتراض ما حصل صدفةً أو خطأً.. إذن من هو المستهدِف ومن هو المستهدَف حتى استغلت المظاهرة السلمية لتمرير الرسالة النارية في إرباك للحكم والحكومة. جميع الاحتمالات واردة غير أن الثابت منها أن مجلس الوزراء، الذي كان محط انتقاد

المتظاهرين المطالبين بإسقاط الحكومة، بدأ معه العد العكسي للرحيل مع نهاية العهد بعد أن أدى "قسطه للعلى" إذ كيف يمكن أن تستمر حكومة بغير وحدة أعضائها (في بلد غير لبنان طبعاً)، بينما الحكومة في لبنان عبارة عن مجموعات متباعدة من الأشخاص تفصل بينها المسافات ولا تجمعها إلا عدسات الكاميرات.. فهل يستغل هذا الانفجار الحاصل ليرحل مع الحكومة رئيسها أيضاً ؟؟ فإذا كان هذا الاحتمال وارداً لا بد أن يكون البديل جاهزاً وبمواصفات تشبه إلى حدٍ كبير مواصفات الرئيس الحالي. وهنا يتصدر السؤال.. من هو هذا البديل ومن هو بالتالي المستفيد من التبديل ؟؟

لن ندخل في متاهات التحليل والافتراض وتقييم أعمال الحكومة. ولن نذهب بعيداً بالتفتيش عمن يكون وراء الحادثة أو الأحداث المفتعلة.. ويقيننا أنه سيطول التحقيق بالأمر وستقوم جميع الأجهزة بالتحريات اللازمة حتى تهمل القضية فيما بعد بمرور الزمن من غير أن تعلن الحقائق.. لكن حقيقة واحدة يجب ألا تغرب عن بالنا، وهي أن الشعب اللبناني، الذي ضاق ذرعاً بالحكم والحكام ولم يعد يحتمل النكبات والهزائم، لا يزال قادراً على الصبر والمقاومة من أجل حفنة قليلة من الكرامة..

فإذا وقف المواطن في لبنان متظاهراً ومطالباً بحقه.. فهل نخفف عنه عبء الأزمة الاقتصادية الخانقة عندما تتحول مياه الخراطيم إلى رصاص قاتل ؟؟

المطالب الأميركية.. من أجل من؟

2004/8/18

في الوقت الذي يتواصل فيه العدوان الأميركي على الأراضي المقدسة في النجف الأشرف في عملية تستهدف المقدسات الاسلامية بغطاء "تحرير العراق من الميليشيات الارهابية". وبالرغم من إدانة الرأي العام العالمي للولايات المتحدة الأميركية في حربها على العراق واستمرار احتلالها له بدون مسوغ شرعي، تطالعنا زيارة وفد الكونغرس الأميركي إلى بيروت حيث أمعن أعضاؤه تحدياً واستفزازاً ووقاحةً في الطلب إلى توطين الفلسطينيين في لبنان ورفض حق العودة واصفين هذا الحق بأنه "معيق للسلام في الشرق الأوسط" كما طالبوا بانسحاب الجيش السوري من لبنان والتوقف عن دعم "حزب الله" لكونه حزباً "إرهابياً".

إن هذه المطالب الأميركية، على سذاجتها، تظهر جلياً الارتباط الأميركي الوثيق بالمشروع الصهيوني الهادف إلى تصفية القضية الفلسطينية ووصم المقاومة الوطنية بالارهاب والنيل من العلاقات الاستراتيجية اللبنانية السورية التي تقف سداً منيعاً بوجه المطامع الاسرائيلية. وإن دلّ هذا على شيء فعلى رغبة الادارة الأميركية في إرباك الموقف القومي الرافض للاحتلالين الأميركي والاسرائيلي والمتمثل بـ "سوريا ولبنان" في مرحلة تثبيت قواعد السيطرة في العراق وفلسطين الجاثمين تحت نير الاحتلال..
فبالنسبة لرفض حق العودة: كيف يمكن للبنان أن يوافق على توطين الفلسطينيين في الوقت الذي أجمع العالم على حقهم في

العودة وحق تقرير مصيرهم عملاً بشرعة حقوق الانسان التي تقرها الأمم المتحدة وتتغنى بشعاراتها الولايات المتحدة الاميركية. وبالنسبة للتخلي عن المقاومة الوطنية واعتبار حزب الله "زمرة إرهابية": كيف يمكن لأعضاء الكونغرس أن يستخفوا بقرار لبنان الشعبي والرسمي الذي يعتبر "حزب الله" الوجه الوطني للمقاومة الوطنية، وأن لا خيار للبنان إلا المقاومة لتحرير كامل التراب اللبناني. أما بالنسبة لفك الارتباط مع سوريا والطلب بانسحاب الجيش السوري من لبنان، فهذا شأن داخلي لبناني ويعتبر تدخلاً بغير محله يهدف إلى زعزعة العلاقة مع سوريا. وجاء الرد على لسان الرئيس لحود حيث قال: "إن الاستقرار الذي ينعم به اللبنانيون يعود إلى الخيارات الاستراتيجية التي التزمها لبنان منذ سنوات بالتنسيق مع سوريا، هذا البلد الشقيق الذي ساعد لبنان على إعادة توحيد جيشه الوطني كما حال دون تقسيمه".

لقد أجمع لبنان على التنديد بالمواقف الاستخفافية والاستفزازية لوفد الكونغرس الأميركي الذي جاء متحدياً مشاعر اللبنانيين ومتخطياً لسائر آداب الحوار واللياقة السياسية عندما سمح لنفسه الطعن بالدستور اللبناني وبنوده الميثاقية وبالمقاومة الوطنية المشرّفة وبعلاقات لبنان العربية، الأمر الذي يكشف حقيقة موقف الأميركيين، الجمهوريين منهم والديمقراطيين، الذين يتنافسون على إرضاء الشريك الاسرائيلي، في ارتهانهم للصهيونية ومعاداتهم للعرب.

إن ما يحفز الولايات المتحدة الأميركية على الامعان في تعدياتها واستفزازاتها على امتداد العالم العربي هو قرارها النهائي في السيطرة على المنطقة أياً كان الثمن لذلك. اما الشعارات والممارسات التي تستخدمها لتغطية نواياها فهي كثيرة: القوة، الحيلة، الخداع، الادعاء، الاستخفاف، الاستفزاز وغيرها.. من

دون أن ننسى "دورها وحروبها وتضحياتها من أجل الحرية وإشاعة الديمقراطية في العالم". أضف إلى كل ما تقدم الموقف العربي بشكل عام الذي يتراوح بين الصمت والتواطؤ ويجعل من بعض المسؤولين "ملكيين أكثر من الملك" في تبرير الادعاءات والتعديات الأميركية. ويكفي لبنان فخراً أنه رد على وفد الكونغرس الأميركي المتعالي في مطالبه، بلسان الرئيس لحود، بما لم يستطعه غيره من مسؤولي العروش والجمهوريات، حيث أكد موقف لبنان الداعي لضمان حق عودة الفلسطينيين ورفض توطينهم في لبنان كما أشار إلى دور المقاومة في تحرير الأرض اللبنانية من الاحتلال الاسرائيلي مؤكداً على أن "حزب الله" ليس حزباً إرهابياً وأنه يلقى دعم وتأييد اللبنانيين.. وأن لبنان ينادي باحترام إرادة الشرعية الدولية وترسيخ مبادىء الحق والعدالة.

ومما لا شك فيه، مع اقتراب موعد الاستحقاق الرئاسي في لبنان، أن أسئلةً كثيرةً ستطرح حول مدى تأثير المطالب الأميركية، والرد الرسمي عليها، على حركة المشاورات الجارية بين المعارضين والمطالبين بالتمديد للرئيس لحود.

فهل جاءت هذه المطالب المفخخة للايقاع بالرئيس لحود وانتزاع موقفه النهائي منها بحيث تعطي الضوء الأخضر للمعارضة، التي لا توافق استراتيجية لحود، بأن تحسم أمرها وتضم إلى صفها الكتل النيابية التي لا تزال صامتة.؟

أم إنها جاءت لتحريك الموقف السوري وجعله يتشدد بالتجديد أو التمديد للرئيس لحود الذي يتمسك بالمسار السوري ـ اللبناني، وجعل القيادة السورية تتراجع عن موقفها المعلن، على لسان الرئيس بشار الأسد، بأنها غير حاسمة لخيارها بشأن الاستحقاق الرئاسي اللبناني.؟

ويبقى السؤال العريض: المطالب الأميركية.. من أجل من؟

قد تكون الرسالة السرية التي نقلها الوزير فاروق الشرع بالأمس إلى الرئيس لحود تحمل الجواب على هذه التساؤلات. فإذا كانت متضمنة الإيجابيات والتفاؤل من الجانب السوري، فإن احتمال التجديد أو التمديد للرئيس لحود سيكون الاحتمال الأقوى بالرغم من كل المناورات والحملات الدائرة.. والآتي قريب.

2004/9/1

وكانت توقعاتي بمحلها إذ لم يمض أسبوع على كتابة هذا المقال حتى طالعنا الرئيس لحود باستعداده للعودة بالتجديد أو التمديد لا فرق، إذا رغب في ذلك المجلس النيابي الكريم الذي يعبّر مبدئياً عن رغبة "الشعب". وبدأت المشاورات على الفور بين دمشق وممثلي "الشعب" المتهافتين على "خدمة الوطن والمواطن". وجاءت التقديرات، بعد أيام قليلة، بأن النواب الذين سيصوتون على تعديل الدستور للمجيء بالرئيس لحود يفوق عددهم المائة (من أصل ماية وثمان وعشرين). وهذا العدد كبير نسبياً.. ولكن! أين هي المعارضة؟؟

لن ندخل هنا في متاهات التفتيش عن المعارضة أو المكان الذي تختبىء فيه ونكتفي بالقول أنه إذا صحت التقديرات المشار إليها أعلاه فهذا يعني أن تعديلاً شرعياً للدستور سوف يتم لاحقاً وسريعاً، ولن يكون للمعارضة إلا الرضوخ للأمر الواقع..

ولن نسأل فخامة الرئيس لماذا يرغب في التجديد أو التمديد، ولو كان ذلك على حساب تعديل الدستور اللبناني، طالما أن إعادته إلى سدة الرئاسة الأولى مرهونة بـ "رغبة الأكثرية النيابية" عملاً "بالأصول الديمقراطية" التي هي "ركيزة النظام اللبناني"..

ولن نسأل الأكثرية النيابية التي تتسابق على تعديل الدستور طمعاً بنيل الرضى. لأن هؤلاء، وإن عرفوا شيئاً إلا أنه.. غابت عنهم

أشياء كثيرة. فقد تعوّد هؤلاء على تنفيذ ما يطلب منهم دونما استفسار أو اعتراض..

فإذا ما أمعنا النظر بواقع الحال وبالمشاهد الدائرة اليوم في فصل الاستحقاق الرئاسي، فلا نرى فيه جديداً أو مستغرباً. فمنذ فجر "الاستقلال" (إذا صح التعبير)، ولبنان مرتبط عضوياً بمحيطه العربي وبسوريا خاصة، ولم تتوقف يوماً التدخلات والتداخلات السياسية والاقتصادية والاجتماعية بين البلدين. كذلك هو الحال بالنسبة لعلاقة لبنان وسوريا بالغرب وتأثير هذا الأخير (بطريق مباشر أو غير مباشر) على السياسة المحلية والاقليمية. لقد كان لفرنسا الدور الأول والقوة النافذة في اختيار بشاره الخوري رئيساً للجمهورية اللبنانية الأولى بعد الاستقلال. وعندما أعيد انتخابه لدورة ثانية، لعبت الأيادي الانكليزية لعبتها ـ الخديعة في استمالة الجبهة النيابية الاشتراكية التي كانت تضم حينها كمال جنبلاط وكميل شمعون، فقلبت حكم بشاره الخوري وجاءت بكميل شمعون، الذي وافق على شروطها، وتمكنت بهذه الطريقة من شق الجبهة الاشتراكية. وتتكرر الملهاة منذ ذلك التاريخ في اختيار رئيس الجمهورية بشكل أو بآخر حتى أمست الأصابع الخفية الأميركية، في العصر الجديد، تحمل العصا السحرية لتحول ما ملكت يداها إلى ما تشاء بفضل "القيم" التي تحاول نشرها في العالم "كالحرية والديمقراطية وحقوق الانسان"، مهما كان السبيل إلى ذلك ولو كلف الأمر حرباً وقائية..

من المتعارف عليه بأن الدساتير والقوانين والأنظمة إنما وجدت لخدمة الانسان وليس العكس. وهذا يعني أنه من الضروري إجراء التعديل إذا كانت هناك حاجة ملحة لخدمة إنسانية أو إنقاذاً لأزمة مستفحلة. وهنا لا بد لنا من طرح السؤال على طالبي التعديل أو المطلوب منهم التوقيع على التعديل: ما هي الكارثة التي ستحل

بلبنان إن لم يتم التعديل ليعود بنتيجته الرئيس لحود إلى سدة الرئاسة؟ وماذا سيتمكن الرئيس من إنجازه في التمديد المقترح لثلاث سنوات ما لم يستطعه في ست سنوات؟ وما هي الظروف الضاغطة التي توجب بقاءه دون غيره في السلطة؟

هذه وأسئلة كثيرة غيرها تبقى بانتظار الجواب المقنع وليس من تبرير لما هو حاصل اليوم سوى الرغبة في التخلي عن اللعبة الديمقراطية، مع كامل التقدير لفخامة الرئيس لحود. وإننا، كلبنانيين عايشنا الحلو والمر، بتنا نخشى الوقوع في أفخاخ كل ما يدور حولنا من حركات وتصريحات وطروحات غير مأمونة النتائج. إن ما يهم كل مواطن في لبنان هو أن يصار إلى تعديل الدستور، ليس في بند واحد فقط، وإنما بكامل بنوده، ولكن.. بإرادة لبنانية واعية لأن ما يتطلع إليه لبنان، هو أن يكون التعديل في الجوهر وليس في الشكل، ولخدمة كل الناس لا بعض الناس..

الخضوع بالتوقيع أو بالقبول..؟

2004/9/8

هذا وقد أصبح التمديد للرئيس لحود أمراً نهائياً لا رجوع عنه، لا فرق إن قيل عن تعديل الدستور الذي أتاح التمديد، أمراً واقعاً فرضته إرادة خارجية، كما أشار مجلس الأمن، أو "تشويهاً للديمقراطية"، على حد الوصف الأميركي. فيبقى المهم والأهم في النظام البرلماني "الديمقراطي" الذي يعتمده لبنان، أنه تم الاحتكام إلى مجلس النواب أي "مجلس ممثلي الشعب اللبناني"، وقد أبدى هذا الأخير رغبته في التعديل الدستوري انسجاماً مع قواعد اللعبة البرلمانية (كما يسميها أهل السياسة في لبنان) وقد جاء التمديد عملاً بالأصول القانونية المرعية الاجراء.. وبالرغم من الهزات والتصريحات والمواقف المتباينة والمعترضة على التمديد كان الرئيس لحود مرتاحاً لما سيؤول إليه الوضع وجاء في بيان صدر عن قصر بعبدا، بعد إتمام التعديل الدستوري، أن الجدل الذي رافق التمديد هو "من صلب طبيعة النظام الديمقراطي اللبناني" وأضاف "إننا على أبواب مرحلة جديدة عنوانها طي صفحة الماضي وبذل جميع الجهود الممكنة لتقريب المواطن من الدولة".

إن تسارع الأحداث والتدخلات التي رافقت مرحلة الاستحقاق الرئاسي وأهمها: الدعم السوري لتمديد ولاية الرئيس لحود،

إجتماع مجلس الأمن وإصدار القرار رقم 1559 فالموقف الأميركي والفرنسي من التعديل، يضعنا أمام تفسيرات متناقضة وإن رأى فيها البعض محاولة لتدويل الشأن اللبناني وربطه بالتدابير التي تعدها الولايات المتحدة لسوريا في فقرة من فقرات حربها على "الارهاب الدولي".

فإذا كان الدافع للتمديد رغبة شخصية لدى الرئيس لحود، فهو يعرف تماماً أن الدستور اللبناني لا يسمح له بالتمديد أو التجديد. وكان عليه بالتالي أن يجري اتصالات ومشاورات لإجراء تعديل دستوري قبل الاعلان عن رغبته، وهذا ما لم يحصل..

إما إذا كانت الرغبة السورية هي الدافع للتمديد، لكانت شهدت طريق الشام ازدحاماً ملحوظاً على الخطين قبل هذه التاريخ، وهذا ما لم يظهر بالفعل، خاصة أن الرئيس الأسد كان قد صرح سابقاً بخصوص الاستحقاق أنه شأن لبناني داخلي..

أما القول بأنها رغبة الأكثرية النيابية فهو قول مردود بالأصل لأن "الأكثرية النيابية" تعني التقاء الأكثرية العددية من النواب على موضوع ما بعد أن يكون قد أشبع بحثاً ودرساً. أما الأكثرية النيابية عندنا فلا تلتقي إلا لتنفيذ قرار اتخذه الأولياء مسبقاً وفي مطلق الأحوال ليس للبحث فيه.

ويبقى الاحتمال الأقوى وهو ما ذكرناه مراراً بأن تكون لزيارة وفد الكونغرس الأميركي إلى كل من بيروت ودمشق علاقة مباشرة في تأجيج النار وتسريع عملية التعديل فالتمديد.. وهنا أيضاً فإننا نواجه احتمالين جديرين بالاهتمام والتوقف عندهما.

فإما أن يكون وفد الكونغرس قد حمل معه فعلاً، كما أذيع وأشيع، مطالب استفزازية لإحراج السلطتين اللبنانية والسورية، مما حدا بالجانبين السوري واللبناني إلى حسم أمرهما، وكان ما شهدته الساحة السياسية خلال الأسبوع الماضي من إسراع في عملية التعديل الدستوري. وإما أن يكون قد جاء الوفد لمباركة ما يدور

في خاطر الرئيس لحود وتسهيل مهمته في مساره السوري الذي بات من الثوابت الوطنية والقومية. وأياً كان الاحتمال، كان لا بد من زيارة الوزير الشرع المفاجئة إلى بعبدا التي حمل فيها رسالة إلى الرئيس لحود وصفت بالسرية..

وفي قراءة بسيطة للاحتمال الأخير، نجد أن الدور الأميركي كان وراء التمديد للرئيس لحود سواءً بالدعم والترغيب أم بالتعجيز والتهديد، بطريقة مباشرة أو غير مباشرة. ولن ندخل هنا في مناقشة التفسيرات التي قد تكون متعددة لتبيان ماذا وراء الخطة الأميركية إلا أن المطلوب أن نتعامل مع الواقع بكثير من الحذر والجدية واستغلال رسالة الرئيس لحود نفسه في طي صفحة الماضي تمهيداً لبناء جسور جديدة يعبرها الموالون كما المعارضون لتفويت الفرصة على كل متربص بحق لبنان وإنسانه.

نأمل في أن تتضمن دعوة الرئيس لحود إلى طي صفحة الماضي برنامجاً متكاملاً لفترة التمديد بحيث يكثر مما أصاب فيه ويتراجع عما أوقعه بالخطأ، خاصة في محاولة بناء دولة المؤسسات والقانون التي لم يسمح له الوقت بإنجازها بسبب الخضخضات والخصخصات التي شاعت خلال ولايته الأولى.

كما نأمل أن يطلق الحوار الوطني بين مختلف الطوائف والأحزاب والفعاليات ليقف على رأيهم وليعرف أي لبنان يريدون. ويبقى الحوار الوطني.. المدخل إلى كل بناء..

إن اللبنانيين على المحك اليوم بعد إخضاع الجميع إلى الأمر الواقع. فمن لم يخضع بالتوقيع على التعديل فقد أخضع بالقبول به. ولا خيار بعد اليوم لأي من الفريقين إلا بالوفاق الوطني لمواجهة التحديات وحماية لبنان..

❖

قراءة في مواقف التعديل والتمديد..

2004/9/15

لم يتسنَ للبنان بعد أن يصحو من الارتباك الذي أحدثه التعديل الدستوري والتمديد للرئيس لحود ووصفه البعض بالصدمة غير المتوقعة على الساحة السياسية اللبنانية خاصة بعد أن بلغت التجاذبات والمناكفات الشخصية بين الرؤساء الثلاثة حداً من اللارجوع عن المواقف المتخذة في الأيام الأخيرة للولاية الاولى وما شهدته قاعة مجلس الوزراء من صراعات وانتقادات واتهمات بين الوزراء وتأكيداً

من الرئيس الحريري نفسه برفض التعديل الوزاري وبالتالي رفض التجديد أو التمديد للرئيس لحود.. وما كان بالمقابل من إجراءات تخالف كل ما تقدم بحيث تبدلت المواقف بسحر ساحر. فإذا بالرئيس الحريري يوقع على مرسوم التعديل والرئيس بري يدعو المجلس إلى جلسة عاجلة لإقرار التعديل ويتم التمديد ويجتمع الرؤساء في قصر بعبدا للاحتفاء بالمناسبة والتحضير للمرحلة المقبلة تحت شعار "طي صفحة الماضي" ودعوة الجميع للحوار من أجل إنقاذ لبنان..

المشكلة التي تتفاقم على الساحة اللبنانية اليوم ليست بسبب عملية التمديد للرئيس لحود بحد ذاتها وإنما بسبب ما رافق هذه العملية

من تصلب وتشنج في المواقف أدت إلى خلق هم جديد لدى اللبنانيين يضاف إلى همومهم المعيشية الأخرى. والذي يزيد في البلبلة هو أن الجميع يفتش عن أسباب أساسية لتبرير موقفه، فكثرت التحليلات والمقارنات والاستنتاجات وأخذ البعض بفلسفة الأمور كمن يبحث في الغيب وليس على أرض الواقع.
الموالون أو الموقعون على التعديل يبررون موقفهم بممارستهم للديمقراطية البرلمانية وحقهم في الاقتراع الحر. كذلك يفعل المعارضون إذ يبررون عدم توقيعهم على التعديل لذات الأسباب. وأكثر من ذلك فيرى هؤلاء بأن ما قام به المؤيدون لا يتفق مع مبادىء الحرية والديمقراطية لأنهم يعملون بإرادة ليست إرادتهم وقرار ليس قرارهم.

هذا بالشكل العام. وهناك من المعارضين من ذهب إلى الاستنتاج والقول بأنه لا يجوز المس بالدستور وإجراء التعديلات بما يتفق مع قياسات معينة وخدمة لمصالح معينة آخذين بالاعتبار الموقفين الأميركي والفرنسي اللذين دفعا مجلس الأمن الدولي لاستصدار القرار 1559. ويقابل هذا القول من جانب الموالين، أن القوانين والدساتير ليست بالآيات المقدسة المنزلة التي لا يجوز مسها، وإنما هي وجدت لخدمة المصالح العامة متى قضت الحاجة إلى ذلك. ويعتبر أصحاب هذا الرأي أن عودة الرئيس لحود اليوم هي من الضرورات الوطنية وبالتالي تم التعديل الدستوري بناء على الاقتناع هذا.
وأية كانت الأسباب التي أدت إلى الموقف الموالي أو المعارض، فالشيء الثابت أن ليس هناك توافقاً بين الموالين ولا بين المعارضين أنفسهم. قد تكون الأسباب أو الظروف السياسية الراهنة قد أوجدتهم جنباً إلى جنب في الخندق الواحد إلا أن هذا الأمر مرهون بزوال السبب أو الظرف أو ربما بتنازل أحدهم عن

موقفه إذا ما قضت المصلحة الشخصية بذلك.. وهكذا تبدو للمواطن في لبنان، الصورة ضبابية وللحقيقة وجهان: فمن يصدّق وبمن يهتدي وإلى أية حقيقة يتجه..

إذا كان الرئيسان لحود والأسد قد تلقيا تهديداً من الأميركيين، كما ذكرت الأنباء، وتعليمات بعدم المس بالدستور اللبناني لعدم رغبتهم بتمديد ولاية الرئيس، فكيف نفسر مضي الرئيس لحود ومعه كل الرؤساء في معركة التعديل والتمديد في الوقت الذي تحتل فيه القوات الأميركية المنطقة بأسرها بعد أن رضخت لإرادتها كل الارادات العربية؟
وإذا كانت الادارة الأميركية تعد فعلاً لمحاسبة سورية والتضييق عليها حتى ترغمها على التخلي عن المقاومة وسحب قواتها من لبنان، فماذا تعني زيارة بيرنز، مساعد وزير الخارجية الأميركي، إلى دمشق وماذا تعني إشادة وزيري الاعلام السوري واللبناني بالحوار مع واشنطن والترحيب بالتعاون المشترك؟

***

سألنا مراراً، وفي مناسبات مختلفة، على ماذا يراهن أهل السياسة في لبنان في اختلافاتهم ومناوراتهم التي تعدت كل التقديرات والاحتمالات وحالة المنطقة المشرقية، من فلسطين إلى العراق على حالها من الغليان الأمني في ظل الاحتلالين الأميركي والاسرائيلي ومن الارتباك النفسي في خضم الخرائط الأمنية والترتيبات السياسية الجارية. وأقل ما يمكن فعله في مرحلة كهذه للحفاظ على الوطن وتجنيبه الويلات والكوارث، هو إحساس السياسيين وأهل الحكم بمسؤولياتهم التاريخية بحيث يعملون على تجاوز خلافاتهم القائمة، التي هي بغالبيتها شخصية، والدعوة

للوقوف صفاً واحداً بوجه التحديات والمؤامرات التي باتت وشيكة التنفيذ بما لا يقبل الشك، بوجه كل اللبنانيين دون استثناء.. وبالطبع فإن شيئاً من هذا لم يحصل..

إن ما يجري على أرض المنطقة، من ضربات متتالية للشعبين الفلسطيني والعراقي بقصد إخماد جذوة المقاومة الوطنية في كلا البلدين، لهو نذير هجمة مكشوفة لن ترحم أحداً متى استكملت العدة لذلك. وهذا ليس تكهناً أو استنتاجاً وإنما واقعاً ملموساً وتحدياً واضحاً وتهديداً معلناً جاء على لسان أكثر من مسؤول أميركي وإسرائيلي وقد أشار إليه قرار مجلس الأمن الدولي رقم 1559 المتعلق بسورية ولبنان.. هذا القرار الذي صدر على أثر التمديد للرئيس لحود بناءً على رغبة الادارة الأميركية ليكون ورقة عمل لقواتها في المرحلة القادمة.

إن المواقف المتباينة التي شهدتها الساحة السياسية اللبنانية خلال فترة التعديل الدستوري والتمديد للرئيس لحود وما استتبع ذلك من تصريحات واتهامات لاذعة من البعض بحق البعض الآخر في مرحلة تأليف الحكومة، تعيدنا إلى أجواء الحرب الأهلية وأساليب السياسة الكيدية التي عانى منها لبنان على امتداد سنوات طويلة وتؤكد أنه بالرغم من التجربة المرة التي مر بها لبنان بما فيها كل المستجدات الواقعة اليوم على الساحتين الاقليمية والدولية والتي تهدد السيادة الوطنية من جذورها، هناك من لم يتلقَّ بعد مضمون الرسالة وقد فاته أن لبنان، الذي أمسى على شفير الهاوية من جراء التصريحات والتراشقات غير المسؤولة، لم يعد قادراً على تحمل الويلات التي خلفتها الحروب والصدامات بين اللبنانيين والتي كانت مثل هذه الممارسات سبباً مباشراً لها.

فمن غير المقبول في لبنان، بلد الحريات والنظام الديمقراطي، أن يسمح لأي كان بالتعرض للكرامات أو إطلاق الاتهامات الرخيصة. أضف إلى ذلك أن الديمقراطية التي يتغنى بها أهل

السياسة هي، بمدلولها العلمي والعملي، القبول بالرأي الآخر الذي يحتمل الصواب وينصب له الاحترام وليس العداء، وأن المعارضة السياسية في الدول الراقية هي حاجة ضرورية للعبة الديمقراطية وجزء لا يتجزأ من النظام الديمقراطي.

قام اتفاق الطائف بتوافق اللبنانيين جميعاً بهدف إنهاء الحرب الأهلية التي طاولت شظاياها سائر المرافق الحياتية، والانصراف إلى بناء الدولة على أسس علمانية حديثة. وقد اعتبره بعض المتشددين دستوراً مقدساً لا يمكن مسه ويجب بالتالي أن تنفذ بنوده مرحلياً بشكل يتلاءم مع تطلعات الشعب اللبناني. ومن بنود الطائف الأساسية وقف الاقتتال والعنف وإطلاق الحوار بين اللبنانيين وصولاً إلى الوفاق الوطني، ثم إلغاء الطائفية السياسية وبسط سيادة الدولة على كامل الأراضي اللبنانية. هذه هي العناوين العريضة للاتفاق وإن كانت هناك بعض البنود التفصيلية التي يقتضيها التطبيق العملي.

لقد نجح اللبنانيون، عبر ممثليهم، بالتوقيع على الاتفاق في "الطائف" غير أنهم لم ينجحوا بتطبيق بنوده على أرض الوطن وكان بنتيجته أن توقفت التراشقات المدفعية لتحل مكانها التراشقات الكلامية التي تحمل كالمدفع أحقاداً مترسبة. وهذه قد تؤذي في نتائجها أكثر وتؤدي في النهاية إلى ذات القرار. ويعني ذلك استمرار حالة الطائفية لا بل تكريسها وزيادة حدتها.. تأجيل بسط سيادة الدولة على كامل الأراضي اللبنانية حتى إشعار آخر.. صرف النظر عن الوفاق الوطني "المستحيل" في مناخات التشكيك والاتهام.. وليس من إشارة تدل، بعد مرور خمس عشرة سنة على الاتفاق، على أن الحوار ممكن أو أن الأزمة عبرت.. ووضع لبنان الاجتماعي والاقتصادي، وللأسف، خير شاهد على ما نقول..

ولائحة الأسئلة تطول وتطول.. والمهم في الأمر ألا نرى غالباً ومغلوباً في عملية التمديد، التي أخذت البعد الدولي في قرار مجلس الأمن، وألا نذهب بعيداً في الاتهامات بين المؤيدين والمعارضين والاقرار، ولو مرة أمام التاريخ بأننا جميعاً مغلوب على أمرنا لأننا وقعنا في شرك لا نعرف كيف الخلاص منه بانتظار الخطوة التالية..

التمديد والتدويل والحقد الذي لا يزول..

2004/12/1

يشهد لبنان في مطلع الولاية الجديدة (أو نصف الولاية) للرئيس لحود تجاذبات واتهامات بين أهل السياسة كان التمديد للرئيس السبب المباشر لها عندما وقع الجميع في شرك المراهنات الاقليمية والدولية وكان بنتيجتها صدور القرار 1559 عن مجلس الامن الدولي الذي حقق رغبة أميركية في مد الأصابع إلى شؤون لبنان الداخلية معتبراً عمليتي التعديل والتمديد تجاوزاً للقرار اللبناني الحر وتمديداً للأزمة الخانقة التي يعاني منها لبنان منذ عشرات السنين.
والطريف في الأمر أن يصدق من يقف إلى جانب القرار هذا، بأن الولايات المتحدة ستعمل على "تحرير" لبنان وإشاعة الديمقراطية فيه واسترجاع القرار المصادر لأصحابه، هكذا بدون أي مقابل، معولين في رهانهم على تأكيدات الرئيس بوش إلى فريق من اللبنانيين الأميركيين لدى إعادة انتخابه حين وعدهم بانفراج قريب للأزمة وإعادة بسط سيادة الدولة على كامل الأراضي الوطنية ولسان حاله يقول: "إن لم تصدقوا فاسألوا أهل فلسطين والعراق"..

وبانتظار تنفيذ "العهود والوعود" يعيش لبنان في الوقت الراهن إرتباكاً سياسياً لم يسبق له مثيل بنتيجة القلق الحاصل من جراء التحولات الدولية والعربية ومشاريع الفتنة التي تهدد المنطقة بأسرها. وأية كانت المخاطر التي تحدق بالوطن، كبيرة أم صغيرة، فلا سبيل للوقاية منها ومواجهتها بغير التماسك بين

المواطنين وتوحيد الجهود كافة لقطع الطريق على كل الدسائس والمؤامرات. أما الحاصل على الأرض فهو غير ذلك. فقد أمسى لبنان ساحة للصراعات والتجاذبات السياسية والاتهامات الرخيصة بين أصحاب الشأن الذين تجاوزوا مصلحة الوطن بدافع من الأهواء والمصالح الشخصية كما تجاوزوا حقوق المواطن الذي بلغ درجة دنيا من الفقر بسبب الأزمة الاقتصادية الخانقة والسياسة الكيدية الرائجة، هذه الأزمة التي شرّعت أبواب الهجرة على مصراعيها أمام الشباب وتركت للتساؤل ألف سؤال وسؤال.. فأي غد يتطلع إليه لبنان؟ لماذا وأين.. ومتى وكيف؟

ما كنا لنتوقف عند الاختلاف الفكري أو الحوار العقلاني للمتجاذبين المتصارعين لو كان مثل هذا الصراع دائراً في محيطه الديمقراطي، أي بقبول الواحد لرأي الآخر حتى ولو لم يوافق هذا الواحد على رأي الآخر. غير أن ما يثير المخاوف هو عدم قبول الواحد للآخر بصرف النظر عما يقول في كثير من الأحيان. فينصب له العداء ويطلق عليه الاتهامات ويشير إليه بالنعوتات المختلفة من دون "أن يترك للصلح مكاناً" وهذا ما يولد الحقد والكراهية. وهنا نستعير ما ردده مراراً الدكتور كلوفيس مقصود في معرض مواجهة العرب والمسلمين لإجراءات الادارة الأميركية على أثر تداعيات الحادي عشر من أيلول 2001 حيث قال: "لا شك أن ما يحدث هو مثير للغضب غير أننا يجب أن نتعلم كيف نوقف هذا الغضب ونمنع تحوله إلى حقد فتتوقف عندئذ كل المساعي إلى إعادة الحوار".

وهكذا هو الأمر بالنسبة لأهل السياسة في لبنان. فإن بعض المواقف ورد الاتهامات أو المهاترات قد تدخل الغضب إلى صدورهم وهذا أمر طبيعي غير أنه من غير المقبول أن تتحول إلى أحقاد فتغلق معها كل الأبواب المؤدية إلى إعادة الحوار.

والحوار الذي نعنيه هنا هو ليس ملكاً خاصاً لأصحابه وإنما ملكاً عاماً يشترك في الافادة والضرر منه جميع المواطنين الذين هم شركاء في الوطن..

ففيما يتعلق بالتدخل السوري في الشؤون اللبنانية، فقد بالغ كثيرون برفضهم للتواجد السوري من دون الأخذ بعين الاعتبار العلاقات التاريخية المميزة بين البلدين. كذلك بالغ الكثيرون في تمسكهم بالسوريين وأصبحوا ملكيين أكثر من الملك حتى باتت بعض مواقفهم أو تصريحاتهم تضر بسورية. وقد أوجد هذا الشد من الطرفين على صعيد الداخل اللبناني هوة كبيرة بين الفريقين تتسع رقعتها يوماً بعد يوم. إن الحاجة القصوى تدعو اليوم إلى الحوار بين مختلف الفئات فيما يتعلق بمستقبل لبنان وعلاقاته العربية والدولية قبل أن يتحول الغضب العارم والتشنجات غير المسؤولة إلى أحقاد تعطل معها كل بذور التسويات الممكنة.

ليس بالجديد على لبنان دخوله في صراعات داخلية عندما تشتد من حوله الضغوطات الاقليمية كما وأنه ليس بالجديد دخوله في لعبة الأمم عندما تشتد الضغوطات الدولية. أما كيف تتحول اللعبة في الداخل فهذا شأن خاص ينفرد به لبنان. لقد حاولوا تصنيف التظاهرات في بيروت على أنها إثنتان: واحدة تعترض على التمديد وأخرى تعترض على التدويل.. التظاهرة الأولى حشدت لها الفئات المعارضة للتمديد وللوجود السوري في لبنان بينما حشدت للتظاهرة الثانية الفئات المتمسكة بالوجود السوري والرافضة للقرار 1559 الذي يسمح بالتدخل الدولي في الشؤون الداخلية. وقد أغفل البعض على أنه كانت هناك تظاهرة ثالثة اعترضت على التمديد والتدويل معاً برئاسة الزعيم وليد جنبلاط الذي يطالب بالتشديد على عروبة لبنان وتصحيح العلاقة مع

سورية على أساس الطائف لأن الخلل الحاصل (على حد قوله) قد يؤدي إلى انهيار أسس النظام الديمقراطي في لبنان.

هذا ومع أن الأزمة السياسية تتفاقم يوماً بعد يوم في لبنان، فإننا لا نرى ما يدعو للقلق والتشاؤم إذا اقتصرت الأزمة على الاختلاف بالرأي والحرص على اللعبة الديمقراطية التي هي دليل عافية. أما أن يستمر البعض في التهجم والاحتقان، فهذا أمر خطير لن يفلت من الغضب الذي سيتحول بدوره إلى حقد لا يزول.

الرئيس لحود والرعاية الدولية

2005 /9/1

فيما يستمر توقيف القادة الأمنيين في لبنان للاشتباه بضلوعهم في اغتيال الرئيس رفيق الحريري، وفي الوقت الذي يتابع فيه ميليس إجراءات التحقيق الدولي لكشف الحقيقة، تتصاعد الحملات من كل صوب مطالبة الرئيس لحود بالتنحي عن رئاسة الجمهورية محملةً إياه الفشل في إدارة شؤون البلاد وضبط الأمن القومي خاصة في مرحلة ما بعد التمديد حيث عبثت الأيدي الخفية بأمن المواطن اللبناني وأدت إلى كوارث متلاحقة، من اغتيالات وتفجيرات وملاحقات وتعديات، إذا ما قدر لها أن تستمر، سيكون آخرها القضاء على كل لبنان.

أما المطالبون برحيل الرئيس لحود، فيتوزعون إلى فئات متعددة: منهم من يجدد الدعوة بالاقالة أو الاستقالة معتبراً أنه لو قرر الرئيس ذلك بنفسه يوم استشهاد الرئيس الحريري لوفر على البلاد ما لحق عملية الاغتيال من تداعيات وخراب. ومنهم من يرى في

الرئيس رأس الهرم للنظام الأمني الذي عانى منه اللبنانيون طوال سنوات وقد آن له أن يندحر بعد أن تكشفت كل أوراقه. اما الفريق الثالث، وهم النواب الموارنة الطامحون في خلافة لحود، يظهرون على شاشات التلفزيون اليوم بحوارت هادئة بعيدة عن التشنجات ليقوموا بدور المرشد الصالح للرئيس لحود والتمني عليه بالإستقالة "حفاظاً على لبنان"، وبالواقع فهم يعنون الحفاظ على "النظام السياسي اللبناني" الذي قد يساعد الواحد منهم على تحقيق أحلامه بتسلم سدة الرئاسة الأولى.. ويبقى هناك فريق من يقول بعدم استباق الأمور وانتظار ما سيؤول إليه التحقيق قبل البحث بمصير الرئاسة الأولى.

وأياً كان السبب الداعي إلى المطالبة باستقالة الرئيس لحود، يجب أن نعترف بأن عملية التمديد كانت بمثابة الفخ الذي أوقع لبنان بما يتخبط به اليوم والسبب المباشر للتدخلات الدولية بالشؤون الداخلية اللبنانية. وما القرار 1559 إلا بداية هذا التدخل بحجة مساعدة لبنان للحفاظ على الحرية والسيادة وكان من نتائجه أن خرجت القوات السورية من لبنان باعتراف المسؤولين السوريين الذين صرحوا في سائر وسائل الإعلام: "إننا نفذنا الشق المتعلق بنا من القرار رقم 1559". لقد غادرت القوات السورية التي كانت تحمي النظام الأمني اللبناني وظل الرئيس إميل لحود متربعاً على سدة الرئاسة رغم انتقادات ومطالبة الكثيرين بتنحيه.

وقد ازدادت حدة هذه الحملات بعد أن اجتاحت المنطقة الشرقية من بيروت موجة التفجيرات الأمنية. إلا أن الرئيس لحود كان قد حصن موقعه بفضل مطالبة بعض السياسيين "عدم المس بالمقامات الدستورية"، ليظهر وكأنه حامي الحمى والمؤتمن على الدستور إلى أن جاءت عملية التحقيق الدولي لتشتبه بتورط الضباط الأربعة، الماسكين بالأمن اللبناني منذ وقت طويل ومن بينهم قائد الحرس الجمهوري. ففي هذه المرحلة، تصاعدت

الحملات المطالبة بإقالته أو استقالته رغم تصريحه وتأكيده على استمراره في تحمل المسؤولية حتى آخر يوم من ولايته..

كل ما عرضنا له حتى الآن هو الصورة الضيقة الظاهرة لما يحدث في لبنان. هذه الصورة التي تريدنا "الرعاية الدولية" أن ننظر فيها. أما الصورة الأوسع فقد تكون لها ملامح ومواصفات مختلفة. وهنا نسأل:

صدر القرار 1559 قبل يومين من التمديد للرئيس لحود. فهل كان القرار الدولي لخدمة الاستقرار في لبنان أم لزعزعته؟ وهل تمت عملية التمديد للرئيس لحود بقرار انفرادي لبناني - سوري دون الرجوع إلى الدول المنتجة للقرار الدولي؟

هل كان اغتيال الرئيس رفيق الحريري قراراً محلياً أم قراراً دولياً؟ وبالتالي هل حقق الاغتيال ما كان يصبو إليه صاحب قرار الاغتيال..؟؟

لم يكن بتقديرنا يوماً أن اغتيال رفيق الحريري هو زهق لروح الشهيد وحسب. إنها المؤامرة المستمرة على لبنان لوضعه في إطار البلبلة والفتنة الطائفية التي يرى فيها أعداء لبنان الأداة الطيعة لمصادرة القرار الوطني فيه. لكن اللبنانيين فوتوا الفرصة على هؤلاء، فبدل أن تفرقهم عملية الاغتيال فقد قربتهم من بعضهم البعض أكثر من أي وقت مضى. هنا كان لا بد من استخدام وسيلة أخرى، فكانت عمليات التفجير في المنطقة الشرقية من بيروت والغاية منها إشعال الفتنة الطائفية بين المسلمين والمسيحيين. وهذه المحاولات أيضاً باءت بالفشل فاتجهت الخطة إلى الإيقاع بين السنة والشيعة وانتهت بأن فضح أمرها كل من الطرفين.

أما الآن، وبعد اعتقال المشتبه فيهم في عملية اغتيال الرئيس الحريري، سيستمر التحقيق ليكشف عن كثير آخرين وصولاً إلى الرأس المدبر. الخوف وكل الخوف أن تكون عملية الاغتيال هذه

استدراجاً لما يشبه عملية اجتياح صدام حسين للكويت!! المطلوب من الرئيس لحود وقفة شجاعة والتأمل بالصورة الكبيرة لما يحدث في لبنان قبل فوات الأوان إنقاذاً لما يمكن إنقاذه.. وتجنباً لعاقبة غضب "الرعاية الدولية".

كتاب مفتوح إلى فخامة الرئيس لحود..

2006/3/3

يشرفني أن أخاطبكم من على هذا المنبر الحر المتواضع، منبر "الجالية"، من وراء البحار البعيدة آملاً أن أوفق في نقل رسالتي، التي يشاركني فيها الآلاف من اللبنانيين المنتشرين في العالم والتواقين إلى يوم العودة في يوم السلام، علها تجد كلماتي طريقها في زحمة الخطابات والمظاهرات التي تتوجه إليكم في هذه المرحلة من تاريخ لبنان..

وأود قبل الدخول في التفاصيل أن أتوقف قليلاً عند ما سمي بالجمهورية الثانية أي لبنان ما بعد "الطائف" حيث قيل أنه توافق بين اللبنانيين على وقف الحرب الأهلية والعمل، كل من موقعه، على تطبيق بنود "الاتفاق" ليصبح بمثابة الدستور الجديد للبلاد اعتباراً من العام 1989، هذا الاتفاق الذي كان ولا يزال محوراً أساسياً لجميع السياسيين في لبنان أو قل "الكتاب السماوي" المنزل الذي لا يجوز مسه أو إلغاؤه أو حتى التعديل في بنوده..

وهنا أسأل الجميع، والمتمسكين بإتفاقية الطائف خاصة، ماذا حققتم من بنود هذه الاتفاقية.. لا شيء بالطبع، وحتى قرار وقف الحرب (الذي شكل البند الأول منها) لم يكن قراركم بل قرار من كان يمدكم بالسلاح وتوقف، فاضطركم إلى الخضوع والتوقيع على الاتفاقية..؟

نصت الاتفاقية على أن يتولى الجيش السوري في لبنان مهمة الأمن لفترة سنتين ثم ينسحب تدريجياً بعد تسليم الأمر للجيش اللبناني. ولم يخرج بالطبع إلا بعد مرور خمس عشرة سنة وبموجب القرار الدولي 1559 وليس بموجب إتفاقية الطائف..
ولحظت الاتفاقية أيضاً نزع السلاح من سائر الأفرقاء والعمل على بناء المؤسسة العسكرية (الدفاعية والأمنية) بحيث تصبح مؤسسةً قادرة على الدفاع عن أمن الوطن والمواطن. فلم تثبت هذه المؤسسة جدارتها وقدرتها على حماية لبنان، وبالتالي كان أمن الوطن مشرّعاً وأمن المواطن معدوماً ولا داع لترداد ما حصل قبل العام 2005 من قمع وترهيب وتهجير لشباب لبنان الذين أقعدتهم الشعارات البراقة الرنانة، والمسلسل الارهابي الذي تواصلت فصوله خلال العام 2005 منذ محاولة اغتيال الوزير مروان حمادة حتى اغتيال النائب جبران تويني مروراً باغتيال الرئيس رفيق الحريري وغيره من اللبنانيين..
كذلك نصت الاتفاقية على أن تقوم الدولة في لبنان بمراعاة التوازن مناصفةً بين المسيحيين والمسلمين إلى أن يتم إلغاء الطائفية السياسية في وقت لاحق. وما حصل هو أن تكرست الطائفية أكثر مما كانت عليه في السابق، في وقت يتحدث الجميع بلغة "تعايش الطوائف" و"الديمقراطية التوافقية" التي لا وجود لها إطلاقاً في قواميس المنطق أو القانون..

إنها بكل اختصار بدعة لبنانية يعمل تحت سقفها الجميع للمحافظة على المكونات الطائفية والنظام الطائفي الذي يتمسكون به. و"الديمقراطية التوافقية" هي أشبه بـ "العقد الإجتماعي" الذي تحدث عنه جان جاك روسو والقائم (بحسب تصوره) بين مختلف شرائح المجتمع بينما هو قائم في لبنان بين مختلف زعماء الطوائف وعلى حساب شرائح المجتمع..

ففي استعراض لفترة رئاستكم الأولى وما انقضى من الولاية الممدة، لم تتمكنوا يا فخامة الرئيس، لسبب أو لآخر، من أداء مهمتكم على النحو الذي ترغبون. فلم تنجحوا في تطبيق إتفاقية الطائف رغم تمسك الجميع بها. ولا أقمتم الدولة ولا المؤسسات التي كنتم تطمحون إليها. ولا استطعتم حماية الحريات أو تثبيت الديمقراطية الحقيقية، ولم تتمكنوا بالتالي من تحقيق أمن الوطن والمواطن ووصلنا إلى ما وصلنا إليه من تفجيرات واغتيالات وتعديات. وبالاضافة إلى كل هذا، فرزت على الأرض مجموعة كبيرة تطالب بتنحيكم عن كرسي الرئاسة بغض النظر عمّ إذا كانت على حق أو باطل، بآلية دستورية أو غير دستورية. يكفي أنكم فقدتم الاجماع الوطني حول دوركم الرئاسي وبقي عليكم أن تكسبوا الاحترام الوطني لشخصكم الكريم.

لذلك.. نأمل أن تترفعوا عن الصغائر برفض الاستمرار في أجواء التشنج والتشكيك والافتراء المخيمة على ساحة الوطن والتنحي عن كرسي الرئاسة "لمن يهمه الأمر".. يكفيكم فخراً أنه تم تحرير الوطن من العدو الاسرائيلي بعهد فخامتكم وأنكم لن تشاركوا بعد اليوم بلعبة الطائفية التي تؤخر حركة النهضة في البلاد. وهكذا ستضيفون بنداً على جدول أعمال جلسات الحوار الدائرة حالياً في أروقة المجلس النيابي عله يشكل المدخل لتلاقي المكونات السياسية كافة، فيعمل الجميع بجهود واحدة على "تأسيس وإعلان الدولة الجديدة" - الجمهورية الثالثة ربما - ودمتم سنداً لعز لبنان ودوامه..

❖

الأزمة اللبنانية..
بين مؤتمر الخرطوم ومؤتمر الحوار..

2006/4/3

الأزمة اللبنانية التي مضى عليها ما يقارب السنتين من المراوحة والتأجيل والمماطلة، في ظل الارهاب المتنقل بين التحديات والتفجيرات والاغتيالات، راحت تفتش عن قبس من نور بين مؤتمر الحوار الوطني في بيروت ومؤتمر القمة العربية في الخرطوم، بعد أن سدت الطريق بوجهها إلى واشنطن وباريس وموسكو وطهران ودمشق، علها ترسو على حل آمن فتزيل الهموم وتعيد الطمأنينة إلى المواطن بعد زوال الشدة.

قيل في مؤتمر الحوار الوطني أنه صناعة وطنية. وقيل إنها المرة الأولى التي يلتقي فيها اللبنانيون من دون ولي أو وصي. وأصر الجميع على أن الفشل ممنوع هذه المرة، ومعنى ذلك أنهم على استعداد للمتابعة أياً كانت العراقيل والصعوبات المرافقة للحوار. وقيل كذلك أن لا تصويت على قرارات الحوار لأنها "قرارات توافقية وبالتالي لا يمكن صدورها إلا بالاجماع".. إنه الابداع اللبناني كالعادة: بالأمس كانت بدعة الديمقراطية التوافقية التي لا تعني برأينا سوى التوافق بين الطوائف للابقاء على النظام الطائفي وبعدها القرارات التوافقية التي تتم بأسلوب أقل ما يقال فيه أنه غير ديمقراطي. وقد وافق الجميع عليه لأنه يحفظ كراسي المجتمعين (وهم زعماء الطوائف) على رؤوس طوائفهم. والأنكى أن الجميع يتحدث عن الحريات والديمقراطية العريقة التي ينفرد بها لبنان في مشرقه العربي..

وتشاء الصدف أن يجتمع المتحاورون بعد كل جولة من جولات التجاذب والاتهام والتحدي وكأن شيئاً لم يحدث. فيهلل المواطن وتنفرج أساريره شاكراً الله على "زوال المكروه" غير أنه سريعاً ما يصاب بالصدمة عندما يكتشف أن المتحاورين يجتمعون ليختلفوا على جميع بنود جدول الأعمال وليتفقوا على شيء واحد فقط: تأجيل الجلسة إلى موعد آخر..

الآن وقد مضى على بدء الحوار ما يقارب الشهر، لم يصدر عن المتحاورين قرار حاسم باستثناء الاتفاق على متابعة التحقيق بجريمة اغتيال الرئيس رفيق الحريري، وهذا أمر منوط بالتحقيق الدولي ولا مجال للخلاف حوله. أما القول بأن مؤتمر الحوار هو اجتماع بين اللبنانيين فقط دون ولي أو وصي فهذا وهم مضلل ولا شك، ذلك أن جميع الأوصياء الاقليميين والدوليين، وإن لم يحضروا شخصياً، فقد لاقوا لأنفسهم مقاعد على طاولة الحوار..

أما في الخرطوم فالمشهد يتخذ شكلاً آخر إذ ينال لبنان القسط الأكبر من الاهتمام والدعم (الكلامي طبعاً) وتصدر التوصيات باستنكار التحديات الغربية التي تمارس على سوريا ودعم لبنان في استقلاله وسيادته على أراضيه. وهذا بالطبع دون الدخول بالتفاصيل التي تؤدي إلى استقلال القرار اللبناني أو الآلية لتحقيق السيادة على أراضيه، لأن مؤتمر القمة "أكبر من أن يدخل بالتفاصيل". إنه المشهد ذاته في تاريخ جامعة الدول العربية والمؤتمرات العربية منذ الأربعينات. وكما ذكرنا مراراً فإن الجامعة العربية هي ليست جامعة الشعوب العربية، وإنما جامعة الأنظمة العربية المتسلطة على رقاب شعوبها. فالواقع مضحك بقدر ما هو مبكٍ ولا فرق بين الاثنين لأنهما يشكلان حالةً واحدة هي حالة الأمر الواقع المتردي والمستمر ذلك أن البكاء هو آخر الضحك والضحك هو آخر البكاء.

إن الأسلوب الذي يتبعه رجال السياسة في لبنان لعلاج الأزمة المستفحلة في السياسة والاقتصاد والاجتماع، يجعل الأزمة مرشحة للاستمرار حتى إشعار آخر ولن يجدي فيها مؤتمر الحوار الوطني ولا مؤتمرات القمة العربية نفعاً. يحتاج لبنان إلى رؤية جديدة تؤسس على العلم والعلمانية والاقلاع عن النظام الطائفي الذي جر الويلات على شعبنا، في الماضي كما في الحاضر، وجعل من اللبنانيين أدواتٍ تتنافر وتتقاتل فيما بينها. لم يعد مقبولاً أن نتوجه إلى شبابنا بالشحن الطائفي وتعبئته ضد شركائه في الوطن. ومن غير المقبول أيضاً أن نلقنه المبتكر والمبطن من المصطلحات الفارغة كـ"الديمقراطية التوافقية والقرار التوافقي"، التي لا يمكن أن تعني سوى التأكيد على نظام الطائفية..

الأزمة السياسية المستمرة في لبنان هي المؤامرة المستمرة على شعب لبنان. أما أبطالها فهم من يحفرون في كل يوم شبراً على طريق هلاكه ويدّعون الغيرة والحرص على كرامة وسيادة لبنان. يقولون في كل عيب من عيوبهم أنه صنيعة الاستعمار ونقول لهم: لو لم تكونوا كذلك لما سالت عليكم لعاب الاستعمار..

مرةً ثانية.. قانا: عنوانٌ لمجزرة!

2006/8/5

ليست هي المرة الأولى التي تدق فيها أجراس قانا حزناً على أطفالها.. وليست هي المرة الأولى التي تدفع فيها قانا دماءً زكيةً، دماء أطفال كانوا يحلمون بغدٍ واعدٍ يعزز فيهم شرف الانتماء إلى قانا، فإذا بهم يسقطون ويسحقون وتسحق معهم أحلامهم ويسطع مرةً أخرى إسم قانا عنواناً لمجزرة.. وكأن في كل هجمة بربرية على لبنان، تنبري قانا وأطفالها ليشكلوا الدرع الواقي من أجل أن يسلم الوطن.. فهل سيسلم لبنان هذه المرة ويعيد التاريخ نفسه..؟

لن نذهب بعيداً لنلقي اللوم على بني إسرائيل ومطالبتهم التقيد بشرعة حقوق الانسان لأن القواعد الانسانية لا تتلاءم مع غيهم وغطرستهم، فبالنسبة لهم لا حقوق مشروعة لأحد في العالم غير حقوقهم. وإذا اعترفوا بحق لغيرهم فإنما يكون لمصلحة مرتقبة. إن تاريخهم خير شاهد عليهم، ومن يراهن على أنهم يتغيرون بمقتضى تغيرات هنا أو هناك فإنه واهم ولا شك..

يطالعني هنا ما جاء في كتاب "سأخون وطني" للكاتب الساخر محمد الماغوط في وصفه للأمة العربية حيث يقول: "أمة بكاملها تحل الكلمات المتقاطعة وتتابع المباريات الرياضية أو مسلسل السهرة، والبنادق الاسرائيلية مصوبة إلى جبينها وأرضها وكرامتها وبترولها.. كيف أوقظها من سباتها وأقنعها بأن أحلام إسرائيل أطول من حدودها بكثير، وأن ظهورها أمام الرأي العام

العالمي بهذا المظهر الفاتيكاني المسالم لا يعني، بالنسبة لها، أن جنوب لبنان هو نهاية المطاف..!
فهي لو أعطيت اليوم جنوب لبنان طوعاً واختياراً لطالبت غداً بشمال لبنان لحماية أمنها في جنوب لبنان..
ولو أعطيت كل لبنان لطالبت بتركيا لحماية أمنها في لبنان..
ولو أعطيت تركيا لطالبت ببلغاريا لحماية أمنها في تركيا..
ولو أعطيت أوروبا الشرقية لطالبت بأوروبا الغربية لحماية أمنها في أوروبا الشرقية..
ولو أعطيت القطب الشمالي لطالبت بالقطب الجنوبي لحماية.."
إن ما أراده الماغوط في هذا الطرح الساخر إنما الكشف عن نوايا إسرائيل العدوانية وأطماعها التاريخية الدائمة في التوسع بأي ثمن وعلى حساب أي كان من جيرانها غير آبهة بالقيم التي يتمسك بها العالم ولا بشرعة حقوق الانسان ولا بالقوانين والشرائع الدولية..
وكذلك لن نذهب لنلقي اللوم على الأخوة المتربعين على العروش العربية، فهؤلاء قدموا للقضية أكثر من طاقتهم من الاستنكارات والادانات والتهديدات أحياناً، حتى أنه باتت للبعض منهم إطلالات مكثفة على شاشات الفضائيات لشرح وتحليل المواقف السياسية والاقتصادية والأمنية وسرد التنبؤات والتطمينات كالآتي: "قد يتمكن العدو من قتلنا وتدميرنا بآلته الشرسة.. ولكنه لن يتمكن من تصميمنا وإرادتنا.." أو "وحدتنا الوطنية كفيلة بإحباط المؤامرة.." أو "إذا استمر الطيران الاسرائيلي باختراق مجالنا الجوي بطلعاته اليومية، سنضطر إلى مواجهته.." إلى آخر معزوفة "البهورات" والمزايدات المضحكة..
هذا العالم العربي، من المحيط إلى الخليج، حزين اليوم لما حل بلبنان من مآسٍ وقتل ودمار. البعض يوهبه المواد الغذائية والبعض الآخر المواد الطبية ومعظمهم يهدونه التحية، عله بمئات الملايين من "التحيات" ينتصر..

ثم كيف نلوم الأخوة العرب الذين أفسدنا عليهم المزاج بمشاهد القتل والدمار على الفضائيات بدلاً من مشاهد "سوبر ستار" أو أغنية "الواوا بح" لهيفاء وهبي.

فلا نذهبن للتفتيش عمن نلقي عليه اللوم والمسؤولية من أصدقائنا أو أعدائنا..

إن العدو يكمن في داخلنا وينمو في انهزامنا ويصمد في انقسامنا. وهنا يحلو الاعتراف والاستغفار.. الاعتراف بما اقترفته أيدينا بحق الأرض والانسان فيها.. إلى استغفار ذلك الأمل الطالع مع الفجر الجديد الذي يحمل في قلبه آلام الوطن وعلى جبينه شعار الانتصار.

إننا نعيش في فوضى المفاهيم واضطراباتها ونقيم توازنات وهمية سرعان ما نصدقها ونعتبرها حقيقة واقعة. نتحدث عن العيش المشترك ونشدد على تطبيقه في حين أن ما يلزمنا هو العيش الواحد وليس العيش المشترك.. كذلك قل عن المسار والمصير.. نتكلم عن الديمقراطية التوافقية ونحن نعني التوافق بين الطوائف وهذا لا يمكن أن يعني "ديمقراطية" بأي شكل من أشكالها. وعلى العكس مما ندعي، فنحن ندين بالنظام الطائفي وندعي الانفتاح والديمقراطية.. عدد الأحزاب في لبنان يفوق المئة ما عدا الطوائف والمذاهب ونقول بالوحدة الروحية والوطنية. نختلف مع بعضنا البعض في كل كبيرة وصغيرة حتى التجريح والتخوين وندعي بأننا متفقون رغم التصريحات العكسية التي تصدر عنا فنطلق عليها تسمية "الكلام السياسي".. إلى ما هنالك من فرقة وخصام وتباعد و"دعوة لاسرائيل للفصل بيننا".. وما بعض الحرب التي يطاولنا قصفها اليوم سوى نتيجة لهذا الواقع الانفصامي المتردي الذي نعيشه..

لن أذهب بعيداً للتفتيش عما أضيفه في هذه المناسبة الوطنية المؤسفة حيث لا يجدي غير الغضب والانحناء.. فإلى الدماء الزكية التي سقطت في قانا، والتي ترسم اليوم شرف الكرامة وشكل الوطن الجديد، أنحني وأصلي..!!

سيداتي سادتي.. أعلن سقوط الدهشة..!

2006/9/1

منذ اليوم الأول للحرب على لبنان التي استمرت ثلاثة وثلاثين يوماً، أصبت بالدهشة وذهلت كما ذهل كل مواطن في لبنان أو قل كل مواطن على امتداد العالم العربي، من هول القصف البربري الاسرائيلي على قرى الجنوب الذي أصاب الحجر كما البشر وخاصة هؤلاء المواطنين الآمنين الذين لا ذنب لهم سوى أنهم ولدوا بالصدفة في هذه الغابة من العالم المسماة بالبلاد العربية. إنها "الدهشة" ذاتها التي اعتلت الوجوه في بلادنا مراراً وتكراراً عبر التاريخ، وكادت تغير من ملامح إنساننا، هذا الانسان الذي ما عاد يتسع رأسه للضربات والهزّات والنكسات التي تأتيه من البعيد والقريب، من العدو والصديق، لتضاف إلى الويلات التي أصابته من قمع الأنظمة وشراستها والتي تكفي لأجيال كثيرة لم تولد بعد..

منذ اليوم الأول جلست أمام شاشة التلفزيون لأشاهد يوميات الحرب أول بأول. لأراقب كل ما يجري، ليس في لبنان وإسرائيل وحسب، بل في كل شبر من البلاد العربية ودول المحيط لأنني اعتبرت أن الأمر لا بد وأنه يعني كل البلاد العربية ودول الجوار كما يعني المقاومة ولبنان، خاصة وإن الحرب الباردة والساخنة دائرة منذ زمن بين دول الغرب وحليفتها إسرائيل من جهة، وإيران وحليفتها سوريا (حتى إشعار آخر) من جهة أخرى. وقد يخطر ببال المراقب للتجاذبات السياسية التي كانت دائرة في المنطقة على امتداد شهور، أن حرباً من هذا النوع، ولألف سبب

وسبب، قد تقوم في أي مكان في العالم ما عدا في لبنان ومع ذلك كانت الضربة من نصيب لبنان وقد فاجأت الكثيرين حتى الذين كانوا معنيين بالحرب.

منذ اليوم الأول، استأذنت كل ارتباطاتي الاجتماعية والعائلية، واعتذرت عن متابعة كل عمل كنت أقوم به وكل شيء كنت أعده وتفرغت فقط لأدون ملاحظاتي اليومية حول الحرب الدائرة وكنت حريصاً على ألا يفوتني شيء من تفاصيلها لسبب أنني قررت أن أحلل سياسياً أو عسكرياً أو استراتيجياً لا فرق، المهم أن أحلل وأنشر تحليلي فيما بعد تيمناً بمن يحللون ويحرّمون على مزاجاتهم في التلفزيونات العربية ليل نهار وليس من رادع.. وليعذرني الأصدقاء والقراء الكرام.. "ما حدا أحسن من حدا".

وفي الأيام الأولى للحرب كنت أنتظر الاعلان عن وقف لإطلاق النار في كل نشرة للأخبار أو ملحق إخباري. وكانت تزداد دهشتي ويتعاظم ذهولي عندما كنت أسمع التأكيدات من الجهات الاسرائيلية على الاستمرار في الحرب.. في اليوم العاشر! واليوم الخامس عشر! واليوم الخامس والعشرين!! وكأن الحرب باتت تسير إلى اللانهاية وأهلنا في لبنان يستشهدون في كل يوم بالعشرات.. أخذت أفتش على الأخوة في العروبة، على تصريح أو تطمين أو تهديد "يفش الخلق"، من المحيط أو من الخليج.. دون فائدة. فعرفت اليوم، لأول مرة وبرؤية واضحة لا تقبل الشك، لماذا الفلسطينيون هم غاضبون وناقمون على العرب..

فبعد أن كنت متحمساً لأراقب وأدون وقائع "الحرب" تمهيداً للتحليل و"التنظير" فيما بعد، فإذا بالمشهد يختلف تماماً: فنحن نواجه عدواناً إسرائيلياً على لبنان وليس حرباً مع إسرائيل.. وكانت هذه أولى المشاهدات. وكرت الأسئلة والمشاهدات وكان أبسطها: لماذا تتفوق إسرائيل على العرب وعدد سكانها لا يتجاوز الأربعة ملايين بينما تعداد العرب يفوق المايتي مليون. وعندما

تتمكن عزيزي المواطن العربي من الاجابة على هذا السؤال البسيط سيبطل العجب وتغيب عن محياك الدهشة.. فإما أن تعود إلى صوابك أو تفقده لا فرق..

- إسرائيل دولة واحدة وذات أهداف واحدة. أما نحن 22 دولة (حتى كتابة هذه السطور) وعدّد من الأهداف ما شئت شرط ألا تكون من ضمنها "السيادة".
- لدى إسرائيل جيش واحد للهجوم ويسمونه جيش الدفاع الاسرائيلي. بينما لدى العرب 22 جيشاً وقد لا يكون واحدهم صالحاً للدفاع، ولكن يسمونه القوات المسلحة ال... - يبدو أن في هذه التسمية "الوقع أشد ويدخل الرعب في صفوف الأعداء".
- إحتياط الجيش الاسرائيلي يفوق العشرين مليون جندي منتشرين في جميع أقطار العالم. بينما لا أحد في احتياط الجيوش العربية لأن من يفترض فيهم أن يكونوا إحتياطيين يهرب غالبيتهم من خدمة العلم أو الجندية ويتم هذا عادة بواسطة تدخل أحد السياسيين أو رجال الدين أو المتنفذين طمعاً في كسب صوت الجندي الاحتياطي وأصوات عائلته في الانتخابات..
- في إسرائيل شعب واحد. بينما في البلاد العربية 22 شعباً وكل واحد منهم يضم إثنيات مختلفة قد لا تنصهر أحياناً فيما بينها ولكنها تسمى للتمويه: "التعددية الحضارية".
- لدى إسرائيل جهاز مركزي واحد للأمن أما في البلاد العربية فعلى باب كل نائب أو وزير أو "عميل" جهاز للأمن خاص به، من دون أن ننسى المرتزقة ورؤساء العصابات.
- في إسرائيل يقررون بالسر وينفذون بالعلن خاصة إذا كان الأمر يتعلق بالحرب. أما في الدول العربية فيصمّون الآذان بالخطابات والمهرجانات والعنتريات والتحديات وعند التنفيذ، يسلمون أمرهم للشعب "الصامد في أرضه" و "صاحب الحق في تقرير مصيره"

حتى يتلقى الضربة عنهم. وهكذا يُدخِلون "الشهداء الأبرار" إلى رحاب التاريخ من بابه الواسع.

خلصت بعد طول تأمل إلى قرار شخصي مفاده التعامي عن المشاهدات والأحلام والتفكير بالمستقبل لأن مستقبلنا لن يكون أوضح وأفضل من ماضينا وحاضرنا. سأتخلى عن الدهشة حتى ولو أدى بي الأمر إلى الاحباط أو إلى التهام ولهط ما في التلفزيونات العربية من مسلسلات بدوية وأفلام مصرية..

فإنني أعلن وبكل جرأة: سقوط الدهشة والانعزال..!!

المشروع القومي على رمال متحركة..

2006/10/25

تتوقف الشعوب عند كل استحقاق أو ذكرى تاريخية لمراجعة الأحداث التي أمست في ذاكرة الماضي، لتقييم المرحلة التي انقضت واستخلاص العبر الكفيلة بتصحيح الأخطاء وتلافي تكرار وقوعها ورسم الخطى اللاحقة على ضوء التجربة من أجل مستقبل أفضل ينعم به الجميع. ومثل هذا التقييم يتم عادة عن طريق الحوار، هذا ـ على الأقل ـ بالنسبة للمجتمعات الراقية والمتطورة حيث اتخذت الديمقراطية مدلولاً واضحاً وشكلاً نهائياً أهم مقوماتها احترام الرأي والرأي الآخر ولو كان يفصل بين الاثنين تباين لا نهاية له.. أما فيما يتعلق بمجتمعاتنا العربية، لست أدري إلى أي مدى يمكننا أن نطبق مثل هذه القاعدة. وجل ما أعرف هو أن الآراء تسير في اتجاهات معاكسة يصعب معها الالتقاء ولو أدى الأمر بالنهاية إلى "خراب البصرة" وقطع "شعرة معاوية" بين المتحاورين المتخاصمين أبداً..

وخير مثال على هذا الواقع المرير، المشهد اللبناني ـ الملهاة، الذي طالت فصوله من دون أن يبلغ قراراً أو نهاية. فقد كثر الكلام بعد العدوان الاسرائيلي الأخير على لبنان، في مطالعات سياسية ومقالات صحافية ومشاركات حوارية متلفزة، عن السيادة والحرية والديمقراطية والصمود والانتصار وكثير غيرها من المواضيع الساخنة، في محاولات لكسب المواقف وتسجيل النقاط الواحد على الآخر، في إطار من المزايدات والادعاءات، كان ظاهره الحوار

الايجابي للوصول إلى قواسم جامعة تحفظ العيش المشترك والوفاق الوطني بين اللبنانيين (هكذا قيل)، بينما كان باطنه التخوين والتشكيك والتهديد (يسلم لبنان أم يزول.. لا فرق ولا من يسأل). وهكذا تتعالى الخطابات مع كل حدث ولبنان يحتضر من الدمار والافلاس وهجرة الأدمغة عنه، ويستمر تمسك أبطال الحوار بالسيادة الوطنية والقرار الحر..

والطريف بالأمر أن الحوارات قد تناولت الصراع العربي الاسرائيلي في كل الحيثيات التي تداخلت مع العدوان، من غير أن تشير إلى أسباب هذا الصراع الأساسية المتمثلة باغتصاب الحق القومي وإقامة الدولة العنصرية على أرض فلسطين ومنها تنفيذ سياسة الاستيطان والتوسع، المدرجة في حساباتها منذ اليوم الأول، باتجاه العمق الجغرافي للمنطقة أي عبر الجنوب اللبناني والجولان السوري والضفة والقطاع..

وبدلاً من أن يصار إلى صياغة إطار عام محدد للحوار، يتناوله كل مشارك في مفهوم وعناوين واضحة لا لبس فيها، راح كل يغني على ليلاه انطلاقاً من قواعد "إيديولوجية" مختلفة (قد تكون للاستهلاك الاعلامي ليس إلا) أقل ما يقال فيها إنها لا تؤسس لأرضية مشتركة يقف عليها سائر المتحاورين أو يتفق على فهمها سائر المستمعين.. وينطبق هذا على السياسيين من الدرجة الأولى. أما أصحاب الدرجات الثانية والثالثة فهم يطبّلون ويزمّرون في اجترار ما صرح به رؤساؤهم، بمناسبة وغير مناسبة، بفهم أو بغير فهم.. لا فرق.

وفي خضم هذه البلبلة الفكرية والاعلامية نسأل: أين أصبح المشروع القومي لمواجهة هذه الانهزامية التي تشدنا إلى الانحلال والرضوخ للأمر الواقع والاملاءات الخارجية الآتية إلينا من كل صوب. لقد انقلبت المفاهيم رأساً على عقب حيث تغلبت فكرة الدولة الدينية في رؤوس مواطنينا على فكرة الدولة القومية. وبدلاً

من أن نسير في مطلب إصلاحي لفصل الدين عن الدولة، رحنا نزكي الدين في محاولة لإلغاء مشروع الدولة. كما ازداد ترسيخ الكيانية الناجمة عن تقسيمات "سايكس بيكو" حتى اضمحلت في نفوسنا فكرة الصراع من أجل استرجاع الحقوق القومية الضائعة..

إنه لفاجعة أن يموت الصراع في ضمير شعب. بذات المعنى جاء على لسان سعيد تقي الدين في كتابه "أنا والتنين" عندما قال: "ليس المهم أن تصرع التنين بل المهم أن تصارعه.."
تتراءى لنا اليوم أهمية النهج القومي في كل مرة تصادفنا معضلة مع العدو الصهيوني، كما يزداد شعورنا بخطورة التقسيمات التي خرجت بإتفاقية سايكس بيكو وما استتبعها من تنفيذ لوعد بلفور في إقامة الدولة العنصرية على أرض فلسطين.. كذلك في آلام المعاناة القائمة على الحدود وضبابية الأساليب التي يعالج فيها الصراع القائم والذي تشعب في اتجاهات متعددة.. وباختصار نقول أن الضياع الذي يتحكم بحياة شعبنا اليوم مردّه التخلي عن المشروع القومي، الذي قام بالأساس على رمال متحركة في بيئة تربوية تصح تسميتها بالبيئة السياسية البورجوازية.. ومثل هذا التخلي عن الحق الطبيعي سيفتح الباب على مصراعيه لكل الطامعين بالحق والسلطة بمن فيهم الذين يخططون لطمس تراثنا الوطني ومعالمنا الحضارية وشد ركابنا إلى الوراء..

جمهورية لحود..
هل تكون آخر الجمهوريات اللبنانية..؟

2006/12/3

يتساءل اليوم كل المهتمين بالشأن اللبناني، مقيمين كانوا أم مغتربين، مسؤولين أو سياسيين، مراقبين أو صحافيين: أصحيح ما يرون ويسمعون ويقرأون عن بلد ما انفك أهله يتغنون بفرادته وثقافته وحضارته وديمقراطيته وحرياته.. إلى آخر المعزوفة التي صمت آذاننا وأعمت بصائرنا عن الحقيقة المرّة، حتى كاد الواحد منا يتخلى عن ذاكرته (التي لا تعرف المواربة) لكي لا تُخدش الصورة الجميلة التي تتراءى أمام ناظريه..

يتساءل الجميع: ما الذي يحصل في هذا البلد الصغير الذي اختاره أهله غير مرغمين، رغم أنف التاريخ والجغرافية، ليكون وطناً نهائياً تتفاعل فيه الطوائف المتعددة في إطار العيش المشترك القائم على "الديمقراطية التوافقية".. (وبالطبع هذه الكلمات ليست لنا بل لأهل السياسة في لبنان وقد كان لنا منها في السابق موقف وتفسير). ويهمني أن أؤكد هنا قبل أن تبعد عنها المسافات أن هذه التسميات كلها لا معنى قانونياً لها أو أكاديمياً، سوى أنها تستخدم للتخفيف من ثقل الطائفية وما يرتبط بها من مفرادات في نظام سياسي أمست رائحة "العفن" أطيب من رائحته..

بل على ماذا يراهن أهل السياسة في لبنان حتى يطلقون الخطابات والمواعظ والتهديدات والمواقف بوجه الصغير كما الكبير وبوجه

الضعيف كما القوي، وهم غير قادرين حتى فيما بينهم على إيجاد مخرج للمأزق الذي أوقعوا أنفسهم بداخله..

رئيس الجمهورية اللبنانية يصرح للصحافة الأجنبية بأن الحكومة اللبنانية هي غير دستورية وغير شرعية وبالتالي كل ما يصدر عنها هو بحكم الباطل..
والموالاة الممثلة بفريق 14 آذار، تطالب بتنحي رئيس الجمهورية باعتبار تم التمديد له قسراً وبدون مسوغ شرعي، بينما المعارضة تتمسك بشرعيته ولا ترضى عنه بديلاً..
المعارضة اللبنانية التي تنتقد كل ما تقوم به الحكومة من إجراءات (وهذا حق لها بالطبع)، تذهب إلى أبعد من هذا بكثير لتقول عنها بأنها حكومة عميلة وتعمل بموجب إملاءات خارجية..
والحكومة اللبنانية تصرف الوقت على رد الاتهامات وصياغة البيانات التوضيحية أكثر مما تصرفه على تنفيذ المشاريع أو تصريف الأعمال..
المعارضة تطالب بتوسيع الحكومة بحيث تشمل الثلث الضامن والمشارك بينما ترفض الموالاة وتعتبر هذا الثلث معطلاً..
كل يفسر الدستور على مزاجه، ومثله إتفاقية الطائف والقوانين الدولية وقرارات مجلس الأمن.. لم يعد من مرجع واحد في لبنان يفصل بين المفسّرين والمجتهدين..
الكل يهدّد ولكن بالأسلوب الحضاري، والكل يخوّن ولكن بالأسلوب السياسي، هذا ما عدا القدح والذم والكذب والتكذيب والمواربة والتجني والافتراء وخلافه من الوقاحات ومعظمها يعاقب عليها القانون. وإذا ما طالبت أحدهم بالأمر أجابك على الفور: إن مثل هذا الكلام مسموح بالسياسة!! فليعذرني أهل السماحة والفخامة والوجاهة في لبنان على ما سأقول: إنها سياسة العهر والقهر ويمارسها سياسيو آخر زمان، والويل الويل لوطن اسمه لبنان..

لم يعد يحتمل لبنان الأخذ والرد و"شد الحبال" من كل صوب. الخوف كل الخوف، إذا ما استمر الوضع على حاله، أن يحصل الانفجار الذي لا يشتهي ناره أحد. وعندها سترحل عن البلد كل الرموز السياسية المتخاصمة والمتنافسة اليوم ليبقى الشعب في خضم الصراعات فيقتل من يقتل ويرحل من يرحل حتى يحين موعد لعودة "الذوات" إلى "الطائف" من جديد (أو ربما إلى غير الطائف هذه المرة) فنفتش عن صيغة جديدة "للعيش المشترك" وبالتالي إلى توقيع إتفاقية جديدة تحت الشعار المألوف الذي لا نتخلى عنه، أي شعار "لا غالب ولا مغلوب".. أما الذين قضوا فتضاف أسماؤهم إلى قائمة الشهداء.. الشهداء من أجل "سيادة الطوائف"!.

لم يسبق أن شهد العالم مشهداً مماثلاً لما يحصل في لبنان:
نشدد على الحرية ونؤكد على أن لبنان وطن الحريات في محيط تحكمه أنظمة قمعية توتاليرية. وعند الممارسة نكتشف أننا نصبح هدفاً للإلغاء لمجرد الافصاح عن رأينا بصراحة..
نتكلم عن حضارة عمرها ستة آلاف سنة أو عشرة آلاف أو أكثر، وعند أول تجربة في تعاطينا مع الآخر نكشف القناع عن جهلنا وغبائنا وكأننا لا نفقه من الحضارة غير الحديث عنها..
نتغنى بالتراث اللبناني وبالعادات والتقاليد التي تميزنا عن غيرنا من الشعوب. وبدلاً من التمسك بقيم الحق والخير والجمال، التي هي أساس عاداتنا وتقاليدنا، يأخذنا تخلفنا وسذاجتنا إلى التمسك بالشروال واللبادة والبعكور..
نخترع مفردات تدل على خصوصيتنا كصيغة العيش المشترك والإنماء المتوازن والديمقراطية التوافقية وغيرها. والحقيقة أنه لا وجود لهذه المفردات في القواميس وهي بالتالي لا معنى لها سوى أنها استخدمت لتحل محل كلمة "الطائفية" ومشتقاتها. فالمقصود

بـ"العيش المشترك" هو تعايش الطوائف مع بعضها البعض (حتى كلمة المشترك هنا هي بغير محلها والأفضل أن تستخدم كلمة الواحد ذلك أنه يكون بين أبناء الشعب الواحد عيش واحد). و"الإنماء المتوازن" مقصود فيه التوازن بين الطوائف. و"الديمقراطية التوافقية" تعني التوافق بين الطوائف. وهنا يتجه أهل السياسة في لبنان، على مختلف مذاهبهم السياسية، إلى عدم الأخذ بالديمقراطية المعمول بها في سائر أنحاء العالم والتي تتضمن معنى واحداً واضحاً لا سبيل للاجتهاد فيه..

وصل الاحتقان بين أهل السياسة في لبنان إلى أعلى درجاته في وقت لا يلمع في الأفق أي بصيص أمل يعيد إلى المواطنين الشعور بالثقة والطمأنينة. لقد غطت أخبار الأزمة السياسية والاحتكام إلى الشارع على كل ما عداها، فنسي المواطن معاناته ومشاكله واستأثرت القوى الخارجية بإملاءاتها فوقع الجميع بالفخ (وهذا الأمر هو الآخر أشرنا إليه في مقال سابق يوم عدل الدستور في صيف 2004 لكي يسمح بتمديد الولاية للرئيس لحود). وهل بعد كل هذا نستغرب إذا ما عبثت الأيدي الخارجية بالأمن والقرار اللبنانيين ونحن نشهد التغيرات الاقليمية تحصل على الأرض يوماً بعد يوم..

باختصار نقول: المشكلة في لبنان أنها تعدت رئيس الجمهورية والحكومة كما تعدت الموالاة والمعارضة والجميع يقف اليوم في صف واحد أو "فخ واحد"، أما الهدف فهو رأس لبنان. فإن لن يكون لأهل القرار ما يحملهم جميعاً على التنازلات من أجل لبنان، نخشى أن تكون جمهورية لحود هي آخر الجمهوريات اللبنانية..

لبنان.. المبادرات والابتكارات !

2007/1/5

كل ما يقال عن لبنان أو شعب لبنان في الفن والابداع والابتكار قد يدخل في مجال الشك والتشكيك ويحملنا إلى المراجعة والتدقيق والدراسة والتمحيص للتأكد منه قبل الأخذ به واعتباره صحيحاً إلا قول واحد لا يختلف عليه اثنان وهو أننا شعب ظريف وطريف للغاية. ظرافتنا تكمن في قدرتنا على الابتكار وطرافتنا أننا وإن لم نلقَ اعتراضاً من شركائنا في "الظرافة"، نصدق ما "اقترفه" ابتكارنا ونجعله من الثوابت الوطنية التي لا نحيد عنها وننسى بعدها أنه من وحي خيالنا وابتكارنا. ولائحة الأمثلة على ما نقول تطول وتطول..

1 ـ في الكيان اللبناني كوطن نهائي لا رجوع عنه:

كلنا يعلم أن لبنان اقتطع من منطقة الهلال الخصيب أو المشرق العربي على أثر التقسيم الذي أوجبته إتفاقية سايكس ـ بيكو الموقعة بين بريطانيا وفرنسا عام 1916 والتي لم تنفذ إلا بعد طرد الأتراك وإحكام السيطرة الكاملة للقوات البريطانية والفرنسية على المنطقة في الثلاثينات من القرن العشرين. وقد ادعى المسيحيون آنذاك نهائية الكيان اللبناني لكونهم حصلوا على امتيازات لم يحصلوا عليها في سائر المقاطعات "العثمانية" الأخرى بينما لم يؤكد المسلمون ذلك لأنهم كانوا يجدون امتدادهم الاسلامي في العمق العربي. وهذا الاختلاف في الرأي جعل الفريقان يقبلان بالتسوية التي تضمنها ميثاق 1943 ونص الدستور اللبناني اللذان حددا الوطن كالتالي: لبنان وطن ذو وجه عربي وكيان نهائي لجميع

أبنائه.. (قبل إضافة مقدمة الدستور الصادر عام 1990 أي بعد إتفاقية الطائف، التي جاء فيها: لبنان عربي الهوية والانتماء).
والملاحظ هنا وبكل بساطة أن التسوية التي جمعت بين المسلمين والمسيحيين في تأسيس الكيان اللبناني، اعتمدت كلاماً ساذجاً فارغاً من كل مضمون (وفي حقيقة الأمر كانت التسوية وليدة الإرادة الأجنبية والقصد منها سلخ لبنان عن محيطه القومي تنفيذاً لبنود التقسيم). والطريف بالأمر أنه وافق الطرفان على هذه التسوية ولا يزالان يتمسكان بها حتى أيامنا هذه وكأنها من المقدسات التي يعتبر المس بها خطأً أحمر ..

2 - في وطن الحريات والديمقراطية:

وفي هذا أيضاً ما يفضح ادعاءاتنا و"ضلوعنا" بالابتكارات الطريفة. وفي هذا الادعاء يشاركنا كثيرون من غير اللبنانيين الذين تغنوا بلبنان والحرية فيه حتى أننا صدقنا الخبر ورحنا نكابر ونتعالى على من حولنا من الكيانات الأخرى المستحدثة ونردد بأن عمر الحرية لدينا هو من عمر لبنان.. أما العمر الذي نريده هنا هو ليس عدد السنين القليلة التي مرت على الكيان اللبناني المستحدث وإنما آلاف السنين التي ندعي أنها عمر لبنان، والتي هي وليدة ابتكارات أخرى من ابتكاراتنا.. والطريف بالأمر أن تسمع مثل هذا القول على لسان جميع اللبنانيين من كل الأطياف والطوائف، والحقيقة المرة ماثلة على مرأى من الجميع لتؤكد عكس هذا الادعاء ومرارة العيش الذي يخيم على لبنان بسبب غياب العدل والمساواة والحريات..
أما الكلام على الديمقراطية فحدّث ولا حرج.. ففي الوقت الذي تتحدد فيه الديمقراطية بمدلولها العلمي أنها حكم الشعب أو أنها حكم الأكثرية أو أنها الوجه الحضاري للقبول بشريك الوطن واختلافاته، تسمع بتسميات جديدة غريبة، ليس عن الديمقراطية

وحسب بل عن المألوف والمنطق أيضاً. ممثلون الشعب "يقطعون ويشلحون" في مؤتمرات فولكلورية للحوار. يقررون وينفذون دون العودة إلى الشعب. يتخاصمون ويتصالحون على حساب مصالح الشعب.. وبنهاية الحوار يخرجون ممتعضي الوجه لا يتكلمون أو يصرحون خوفاً من أن تكشف أوراقهم للشعب الذي أوكل إليهم أمره فخذلوه وأحبطوه وجوّعوه..

الديمقراطية مغيبة والحرية مصادرة وخذ من الخطابات المدوّية ما شئت.. أما ممارستك للحرية في لبنان، فهي تتحقق في حالة واحدة: إذا أنت حكمت على نفسك بالموت فقط.! وفي هذه الحال المطلوب منك شيء واحد لا غير: قل كلمتك بحرية وامش.. أما تنفيذ الحكم "لملاقاة ربك"، فاتركه لحراس الوطن الأوفياء..

3 - في النظام الطائفي القبلي:

وهنا يبرز أهم الإدعاءات الفارغة والفاضحة لطاقم السياسيين في لبنان. فالكل يعمل بوحي طائفي وبدوافع غريزية بعكس ما يصرح أمام الصحافة والكاميرات.. وللحفاظ على ماء الوجه تراهم يعلنون عن رغبتهم في التخلص من النظام القائم على الطائفية، كتمنياتهم بإلغاء الطائفية السياسية وفصل الدين عن الدولة وغيرها من مظاهر العلمانية (وفي هذا ما يرضي عنصر الشباب ويذكره بالتصويت لصالحهم يوم الانتخابات)، غير أنهم يعودون بسرعة إلى الاستدراك والقول: تركيبة هذا البلد تقوم على الطائفية ويجدر بنا أن نوفق بين ما نؤمن به وما هو قائم، وليس أفضل من اعتماد الديمقراطية التوافقية. ويخلصون إلى القول أنه لا يمكن أن يُحكم هذا البلد بغير التوافق. وفي الواقع العملي كلنا يعرف إلى أين أودى بنا هذا المنطق الخاطىء وهذا الاستعمال غير المسؤول لمفردات لا معنى لها إلى جانب كونها رخيصة ومضلِلة. وجل ما نتمناه أن يحمي الله لبنان من هذا الحب المفرط له..

وكما ذكرت في البداية إن اللائحة تطول وتطول عن الابتكارات اللبنانية، والظريف الطريف أننا لا ندرك أو نتذكر بأننا نحن صانعوها أو مطلقوها.

ففي كل الحوارات والتشاورات والخطابات التي صدرت وتصدر بقصد إيجاد الحلول الناجعة للأزمة اللبنانية، لم نسمع رأياً واحداً يقول (باستثناء ترداد ضرورة العلاقات المميزة مع سوريا) بأنه لو سلمنا بنهائية الكيان اللبناني، لا يجوز أن نعزل لبنان عن التفاعل الطبيعي مع محيطه القومي وربما كان الحل يكمن هناك..

لم نسمع كذلك رأياً يقول بأن المشكلة تكمن في النظام الطائفي الذي أغرق لبنان على مر الأزمان في بحور من الدم وكاد أن يقضي على الكيان برمته، أو أن يُطرحَ الإقلاع عنه واستبداله بالنظام العلماني الحضاري ولو في خطواته الأولى..

لم نسمع أحداً يقبل برأي الآخر، لا بل يعمل الكل بدون تردد، على التجريح بالآخر انتقاداً أو تشكيكاً أو تخويناً.

يبدو أن مثل هذه الحلول، التي قد تؤدي إلى حل الأزمة أو تضعنا ـ على الأقل ـ على الطريق إلى الحل، هي القاسم المشترك بين الموالاة والمعارضة على اعتبارها "الخطوط الحمر" التي لا يجوز المس بها حفاظاً على شروط "العقد الطائفي" الذي يحمي امتيازاتهم.. ويدّعي الطرفان بعد كل هذا، بالتصرف الواعي الحضاري..

ويبقى السؤال الذي يحتاج إلى إجابة واضحة مع ارتفاع خطابات التنديد والتهديد، وتصعيد التعبئة والاحتقان، والتسليم بفوضى الادعاءات وبلبلة المفاهيم.. هل يسلم لبنان واللبنانيون من جديد المفاجآت وتلفيق "المبادرات والابتكارات"..؟

لبنان.. الغالب أو المغلوب !!

2007/2/1

التصريحات التي نسمعها على لسان المسؤولين في لبنان أو "المسؤولين عنهم" من الخارج، المعنيين بالمبادرات والتسويات بين الأفرقاء "المتخاصمين"، تبدو وكأنها تكرر نفسها في كل مرة تتفاقم فيها الأزمة السياسية بين "الرموز" أو "الفصائل" الأساسية اللاعبة على المسرح السياسي اللبناني. وإنني أذكر تماماً، منذ فجر الاستقلال في الأربعينات من القرن الماضي وحتى أيامنا هذه، كيف كانت ولا تزال تتدخل الدول الشقيقة والصديقة بين أهل السياسة في لبنان لتعيد التوازن إلى نصابه عند كل حدث يعكر صفو الأمن أو كلما اهتز الوضع الداخلي بسبب القرارات الخاطئة والسلبيات التي كانت تصدر من هنا أو هناك وكيف كانت تتم التسويات، بعد أخذ ورد ومماطلة وتسويف، تحت شعار "لا غالب ولا مغلوب"..

قد يصلح شعار "لا غالب ولا مغلوب" للخروج من أزمة مستعصية لمرة واحدة فقط وبشرط أن يكون الذي أوقع بين أفرقاء الأزمة حدث فريد من نوعه لم يسبق أن اختبره اللاعبون من قبل وليسوا بالتالي مسؤولين عن قيامه إلى جانب شعور صادق لديهم جميعاً بالندم لانجرارهم وراء نزواتهم، بالاضافة إلى رغبة حقيقية للتراجع عن مواقفهم المتشنجة والعودة غير المشروطة إلى

المؤسسات الدستورية.. هذا ما لم يحصل في لبنان بالرغم من تكرار الأزمات المماثلة. لا بل أن العكس هو سيد الموقف أي حمل شعار "لا غالب ولا مغلوب" والسير باتجاه التسوية "تأرنباً وزحفطونياً" حتى إذا ما هدأت الخواطر ومرّ بعض الوقت، عاد التشنج إلى الرؤوس والخطاب السياسي إلى التصعيد، انتقاداً واتهاماً وتهديداً وتخويناً، لينذر بأزمة جديدة تلوح في الأفق. وهكذا تعاد الكرّة في كل مرّة..

ومثال ذلك، التسوية التي تمت في العام 1958 على أثر خروج لبنان من الأحداث الدامية التي وقعت بين فريقي الموالاة والمعارضة على خلفية التجديد لرئيس الجمهورية كميل شمعون، والتي سرعان ما تحولت إلى معارك طائفية شرسة بين المسيحيين المدعومين من بريطانيا وحلف بغداد من جهة، والمسلمين المدعومين من سورية ومصر، أي الجمهورية العربية المتحدة آنذاك بقيادة جمال عبد الناصر، من جهة أخرى. وقد تمت التسوية في لبنان بين فريقي الاقتتال حيث عمت العاصمة والمناطق آنذاك ملصقات كبيرة تضمنت شعار "لا غالب ولا مغلوب". وقد تم هذا بفضل القوات الأميركية التي كانت قد نزلت في لبنان مصحوبة بالأسطول السادس بطلب من رئيس البلاد. ولم تترك هذه القوات لبنان إلا بعد إجراء التسوية بين اللبنانيين وانتخاب اللواء فؤاد شهاب رئيساً للجمهورية خلفاً للرئيس شمعون.. ولم تصمد التسوية وقت طويل حتى عادت رياح الطائفية لتعصف من جديد بالجسم اللبناني حتى بلغت أشدها عام 1975 وأوقعت لبنان مجدداً في أتون حرب أهلية طائفية طويلة لم تنته إلا بتسوية أخرى عام 1989 جاءت مع التدخلات الاقليمية والدولية (الأميركية على رأسها ولا شك)، وكان بنتيجتها ما سمي باتفاق الطائف.

أوقف الطائف الاقتتال الطائفي في لبنان الذي استمر خمسة عشر عاماً وراح ضحيته عشرات الآلاف من القتلى والجرحى

والمعوقين بالاضافة إلى تدمير البنى التحتية للبلاد وشل مرافقها الاقتصادية والتجارية والزراعية والسياحية.. لقد أسكت الطائف التراشق الناري بين المتقاتلين بقدرة قادر وبدأت ورشة إعادة الاعمار حيث تمت التسوية بين اللبنانيين برعاية العرّاب الأميركي، الحاضر أبداً، وشعارها ككل مرة "لا غالب ولا مغلوب" إلا أنها لم تصمد أكثر من سابقتها حتى بدأ الاحتقان من جديد عام 2005 على أثر اغتيال الرئيس رفيق الحريري وما رافق المرحلة من تحولات جذرية في المنطقة.

وها نحن اليوم داخل أزمة خانقة لا نعرف السبيل إلى الخروج منها ولا نعرف إذا كانت لا تزال التسويات السالفة الذكر صالحة لحل المشكلات العالقة. وقد سمعنا تكراراً خلال الشهرين الماضيين على لسان أمين الجامعة العربية عمرو موسى أنه مستعد لاستئناف مبادرته شرط أن يوافقه جميع الأفرقاء على الشعار القديم الجديد الذي أطلقه أي شعار "لا غالب ولا مغلوب".. إذن نحن اليوم أمام طرح لتسوية بين فريقي الموالاة والمعارضة أشبه بطرح العام 1958 أو العام 1989 حيث كان الأميركي في كلتا الحالتين عرّاب التسوية، فأين هو منها هذه المرة..؟؟

يحفل تاريخ لبنان بالأحداث والأزمات التي عصفت به منذ فجر الاستقلال والواضح أن في كل مرة، كان يعود اللبنانيون إلى الحوار والتسوية بعد كل دورة عنف وسقوط العديد من الضحايا (وهؤلاء يدخلون على قائمة الشهداء الأبرار إرضاءً لخاطر ذويهم أية كانت الجهة التي ينتمون إليها) وشعار التسوية كما مرّ معنا كان دائماً "لا غالب ولا مغلوب". فإذا كنا نؤمن فعلاً بأن لا غالب ولا مغلوب بين شركاء الوطن، فلماذا لا نختصر المسافات ونقيم التسوية التي لا بد آتية فنوفر بذلك على الأقل سقوط الضحايا الجدد إذا ما أشعلت نار الفتنة..؟؟

والأمر هنا متروك لقرار الشباب وقد حان الوقت ليقول شباب لبنان كلمته: فإما أن ننفذ المؤامرة ونقضي على الوطن ويكون المغلوب كل لبنان، وأما أن نرفض الإنجرار للفتنة بمواجهة المضللين ويكون الغالب لبنان..

يا شباب لبنان.. تبلَّغوا وبلِّغوا !!

الأول من آذار 2007

استوقفني مشهد حي لدودة الحرير فيما كنت أستعرض بعض الأفكار التحليلية للأزمة اللبنانية الخانقة التي عمل الأفرقاء اللاعبون على الساحة على نسجها، حتى اكتملت فصولها وأطبقت منافذها على الجميع، تماماً كما تفعل دودة القز في شرنقتها الحريرية حيث تنتهي بأن تقفل على ذاتها كل المنافذ قبل أن تتحول إلى فراشة..

هذا هو لبنان وهذه هي العادات التي تعودها أهل السياسة فيه: يمعنون في التهديد والترهيب حتى الثمالة ويستبيحون الكذب والاتهام حتى الكفر ويجاهرون بما يقال ولا يقال حتى المكابرة، حتى إذا ما بلغت الأزمة ذروتها وأُقفلت جميع الأبواب، تباعد الكل عن الكل وأقيمت الاصطفافات الطائفية والمذهبية ـ كفرز طبيعي في النظام الطائفي ـ استعداداً للأعظم الذي قد يأتي. وإذا كان للأزمة أن تعبُرَ من دون أن تتحول إلى فتنة مسلحة، يعقد أمراء الطوائف جلسات الحوار والتشاور ويستقبلون ممثلين محليين وإقليميين، وآخرين دوليين حاملين إليهم مشاريع التسويات والحلول والشعارات البراقة لذرِّ الرماد في عيون الشعب الذي يتطلع، مع إشراقة كل صباح، إلى بصيص من نور.. وإذا بالحل ـ المفاجأة يأتي من حيث لا أحد ينتظر، فتقام له احتفالات "عفا الله عما مضى" وتكثر خطابات "العيش المشترك" و"الديمقراطية

التوافقية" و"نبذ الطائفية" وسائر الهرطقات السياسية التي يجيدها الكل بأحدث شكل وحلة.
مشاهدات كثيرة تتعرف إليها اليوم وأنت تراقب الأزمة السياسية في لبنان:
يكذبون على المواطن لإثارته واستمالته بإدعاءات غير صحيحة. وإذا ما سألت عن السبب يقولون لك: هذا مسموح في السياسة..!
يتهمون ويخوّنون الآخرين لتحريض سامعيهم وكسب تأييدهم. وإذا سمحت جرأتك بالاستفسار تلقى ذات الجواب: يجوز هذا في السياسة..!

يرفض واحدهم أن تقول له: معلوماتك كاذبة أو غير صحيحة! ولا يمانع.. لا بل يبتسم راضياً إذا قلت له أن معلوماتك غير دقيقة. فكأن استخدام عبارة "عدم الدقة" أصح لغوياً من استخدام كلمة "الكذب".. ربما لأنه يجوز هذا في السياسة..!

يدّعي الجميع المعرفة بكل شيء وخاصة في المسائل القانونية والاقتصادية وهم، للأسف، وإن عرفوا شيئاً ولكن.. غابت عنهم أشياء كثيرة ـ وهنا نتحدث حتى عن كبار المسؤولين أو الرؤساء أو الزعماء ـ والبرهان على ذلك، ما هو حاصل اليوم من اختلاف في الرأي حول مسائل دستورية أساسية وقد أدى هذا الاختلاف إلى تعطيل المؤسسات الدستورية كافة وفي طليعتها رئاسة الجمهورية والحكومة ومجلس النواب.

يتبارون ويتنافسون في ترويج البدع والابتكارات ـ الفارغة من كل مضمون ـ على غرار ترويج ما يسمى بالأغاني الشبابية الحديثة. يريدونك أن تصغي إليهم وتصفق لهم وتؤيد ما يقولون من دون سؤال أو تعليق..
يرددون شعارات "نبذ الطائفية" على المنابر في وضح النهار ويعملون على تكريسها خلسة عند المساء..

يطلقون "العيش المشترك" غاية في العلن ويعملون على "الفرز والضم" في الخفاء..
أما "الديمقراطية التوافقية" التي يتغنى بها الموالي والمعارض على حدٍ سواء، فهي القاسم المشترك بين أهل السياسة في لبنان وهي لا تعني شيئا في الواقع، سوى أنها ابتكار لبناني أو "كلمة سر" بين "الضالعين" في الإبقاء على النظام الطائفي..
إن الاستخفاف الذي يستخدمه أمراء الطوائف اللبنانية لمعالجة القضايا الوطنية الكبيرة قد بلغ ذروة تنذر بأسوأ الاحتمالات إذا لم يستدرك الأمر شباب لبنان..
وهنا نسأل: من الذي يدفع ثمن هذا الاستهتار "الوطني" غير شباب الوطن..؟
فإذا كان للزعيم أن يندد أو يهدد، فلا يمكنه ذلك إلا بالاعتماد على همم الشباب..
وإذا كان للقائد أن ينتصر، فلا ينتصر إلا بسواعد الشباب..
وإذا كان للوطن أن يظفر، فهو لا يظفر إلا بعزم الشباب..
فإلى ماذا تتطلعون..؟
بل إلى أين أنتم ذاهبون يا شباب لبنان..؟

يدْعون للتظاهر وإذا بكم أنتم تتظاهرون..
يهدِّدون بالشارع والساحات وإذا بكم أنتم تعتصمون..
يطبِّلون بالخطابات والشعارات وإذا بكم أنتم تنتفضون..
هم يحرضون وأنتم تنساقون..
هم يشتمون ويلعنون وأنتم تردِّدون..
وقد فاتكم يا شباب بلادي أن هؤلاء لا يخافون عليكم ولا يخشون عاقبة مهما تمادوا في غيهم، لأنهم محصنون بالغطاء "العرفي" أو "الميثاقي" ومحيدون بـ "العقد الطائفي التوافقي". أما أنتم فمعنيٌ بكم العقاب والعاقبة، ويسهل النيل منكم لأنكم أحرار مكشوفون..

أنتم الأداة لكل مآربهم والدرع الواقي لكل مشاريعهم: يهددون بكم ويحرضون بكم ويملأون الساحات بكم..!

فما جعل السيّد سيداً غير العبيد.. فارفضوا الرقَّ وكونوا أنتم الأسيادَ لا العبيد..!

وما جعل القائد منتصراً غير الجنود.. فالقائد المنتصر هو أنتم: شباب لبنان الجنود..!

وما صيّر الجاهل ولياً غير الجاهلين.. فارموا قناع الذل عنكم وكونوا أنتم أولياءً على الجاهلين..!

فلا تلزموا الصمت بوجه الخطباء المحرِّضين..

ولا تدَعوا القرار في أيدي الدعاة المضلِلين..

فيا شباب لبنان.. تبلَّغوا وبلِّغوا !!

فما عاد يقبل بكم الوطن مهزومين في شرنقة حريرية تقفل على ذاتها كل المنافذ..

بل يريدكم قوةً لو فعلت، تتحول إلى فراشةٍ وتخرج إلى النور..

❖

المحكمة الدولية بين التحذير والتهليل..

2007/5/1

يتأرجح لبنان اليوم بعد انتظار دام أكثر من سنتين في مسألة تشكيل المحكمة ذات الطابع الدولي، بين رافض محذر ومطالب مهلل في وقت ضاق ذرع هذا الشعب الذي يتطلع، دون كلل أو ملل مع إشراقة كل صباح، إلى خشبة خلاص تقيه شر الآتي الأعظم من المجهول.. وشأن هذه المحكمة هو شأن كل استحقاق في لبنان، يرغب فيه البعض ويرفضه البعض الآخر، في حسابات كيدية، ويذهب كل فريق للتفتيش عن الغطاء القانوني أو الدستوري لمواقفه. وقد شرّعت الأزمة السياسية في الآونة الأخيرة باباً واسعاً للكثيرين من المحللين والمفسرين والمجتهدين، الهواة منهم والمحترفين، الذين يتسابقون على شاشات التلفزة، للعمل على "تسلية الناس" القابعة في بيوتها حتى ضجرت منهم الشاشات وأصيب الناس بالإعياء والغثيان. وليس في النهاية من حل، على ما يبدو في القريب المنظور، سوى أنه يعمل كل استحقاق على تضخيم وتعقيد الأزمة السياسية التي انعكست على كل المرافق الحياتية وباتت تهدد لبنان في الصورة والكيان..

تهمني الإشارة، قبل معالجة النزاع القائم حول المحكمة الدولية، إلى أنني كنت أرجع للنصوص القانونية في كل مرة كنت أسمع تفسيراً أو اجتهاداً قانونياً غير مألوف، للفصل بين مختلف المواقف السياسية التي كانت تقوم بناءً على تلك التفسيرات والاجتهادات.

وكنت في كل مرة أتوصل إلى ذات النتيجة وهي أن التفسيرات، وإن كان لبعضها أسٌ قانوني، إلا أنها تعتمد في غالبيتها إما على نصوص مبتورة (غير كاملة) وإما على فهم خاطىء للنص وإما على بدعة مختلقة لا وجود لها في نص أو روح المادة القانونية. أو ليس من حقنا الاستغراب وطرح السؤال: كيف تتم إدارة هذا البلد مع كل هذا الهذيان الفكري الطاغي على الحياة السياسية، والذي لا يوصل إلا إلى الهلاك..

وفي العودة إلى موضوع المحكمة، نشير إلى أن لدى جميع اللبنانيين رغبة عارمة لمعرفة الحقيقة في قضية التفجير الذي أودى بحياة الرئيس الشهيد رفيق الحريري والقضايا الأمنية الأخرى مع التأكيد على إنزال أشد العقوبات بالفاعلين والمحرضين. وقد عبّرت عن هذه الرغبة كل الفئات الشعبية والمراجع الدينية والسياسية، ومن أجل ذلك تضافرت الأفكار والجهود لإنشاء محكمة دولية ذات طابع دولي ليقين جميع الأفرقاء بعدم قدرة القضاء اللبناني على متابعة قضية متشعبة كهذه قد تتناول جهاتٍ من خارج الحدود اللبنانية. إلا أن النوايا في مثل هذا الأمر لا تكفي، بل يلزم المحكمة تشريع خاص تشترك فيه السلطات الدستورية اللبنانية من تشريعية وتنفيذية وقضائية. وهنا أوصدت جميع الأبواب.. رئيس الجمهورية يعلن "عدم دستورية وميثاقية" الحكومة ويعتبر أن كل ما يصدر عنها هو بحكم الباطل. رئيس المجلس النيابي يصرف النظر عن دعوة المجلس إلى الانعقاد ويتابع استقبالات زواره في "عين التينة" ويعلن تكراراً عدم التعامل مع حكومة "مبتورة وغير شرعية". السراي الحكومي محاصر بالمعتصمين والحكومة تتابع تصريف الأعمال كالمعتاد وتمثل لبنان في عدد من المؤتمرات الدولية وتعمل جاهدة على استصدار تشريع خاص بالمحكمة الدولية يتوافق عليه اللبنانيون.

إلا أن الجهود، حتى تاريخه، باءت بالفشل ويتجه مجلس الأمن اليوم لاصدار قانون المحكمة الدولية المتعلقة بلبنان بموجب الفصل السابع من ميثاق الأمم المتحدة.

سمعنا تكراراً أنه إذا تعذر التوافق اللبناني حول المحكمة الدولية سيضطر مجلس الأمن اللجوء إلى الفصل السابع المذكور. فماذا في الفصل السابع والسادس وبقية الفصول وما هي المحاذير التي يتخوف منها اللبنانيون..؟ قد يعرفها البعض الذي تسنى له الاطلاع على مضامين النصوص القانونية ومفاعيلها ولكنها تغيب بدون شك عن أذهان الكثيرين من المتحدثين والمحللين سواءً من المهللين أو الرافضين للمحكمة. وجل ما يهمنا قوله في هذا المجال أن الرافضين والمهللين يتجهون في اصطفاف سياسي أو طائفي بقبولهم أو رفضهم وليس بما يمليه عليهم الفهم القانوني أو المفاعيل القانونية للمحكمة. ولن نذهب بعيداً في هذا الاتجاه لافتقاره إلى النهج العلمي والموضوعي.

وإنشاء المحكمة الدولية، سواء بالتوافق أو بموجب الفصل السابع، يحذر منه البعض بنهج علمي، ومنهم الدكتور داوود خيرالله، أستاذ القانون الدولي في جامعة جورج تاون (واشنطن)، الذي يرى بقيام مثل هذه المحكمة، انتقاصاً للسيادة الوطنية وتهديداً للعدالة والسلم الأهلي. ويشرح د. خير الله العلاقة التي ستنشأ بين مجلس الأمن والدولة اللبنانية فيقول "إن المحكمة تتمتع بصيغة فريدة تعطيها نوعاً من الحقوق الاستنسابية غير المألوفة في القانون الجزائي حيث لا سلطة مراقبة فوق سلطتها وهذا ما يتنافى مع السيادة اللبنانية. ومن المعروف أن السيادة هي الاستئثار بالحكم الذاتي وتقضي بأن تفصل الدولة اللبنانية، عن طريق القضاء اللبناني، بالجرائم التي تقع على أراضيها عملاً بقوانينها الوطنية. أما وجود سلطة قضائية أجنبية تحل محل السلطة الوطنية، فهو مخالف

للدستور وتخلٍ فاضح عن أهم حق من حقوق الدولة السيدة الحرة والمستقلة". ويضيف د. خير الله "ليس في النص ما يعطي الهيئات الدولية حق النظر في جرائم الارهاب، وبالتالي ليس هناك من تعريف لجريمة الارهاب كما أنه ليس من سابقة لمحكمة أنشئت للبت بهكذا جريمة".

ففي سماعك للدكتور خير الله، وقد أشرنا إلى حديثه بإيجاز، لا يسعك إلا وإن توافقه على ما جاء في مداخلته القانونية القيمة وقد استمعنا إليه في ندوة استغرقت أكثر من ساعتين. غير أننا ننظر إلى الأمر من جانب مختلف تماماً:

أولا: القول بأن ليس في نص ميثاق الأمم المتحدة ما يعرِّف بجريمة الارهاب أو ما يعطي الهيئات الدولية النظر في مثل هذه الجرائم، هو قول صحيح. ولكن مثل جرائم التفجير والاغتيالات السياسية التي وقعت في لبنان، مع ما رافقها من فلتان أمني، يعتبرها مجلس الأمن من الأعمال التي تهدد السلم والأمن الدوليين من غير أن تسمى لفظياً بالأعمال الارهابية، وبالتالي فهي من اختصاصه وقد أشار إليها ميثاق الأمم المتحدة بوضوح.

ثانياً: لم تعد معالجة الوضع اللبناني بالتراضي الوطني أمراً سهل المنال والتحقيق وقد تفاقمت الأزمة السياسية إلى حد يصعب معه التوافق على أي من الاستحقاقات المتتالية. كما أنه لم يعد من الجائز أو الممكن طرح حلول بديلة عن المحكمة إلا في عودة الجميع إلى الحوار والتوافق على شكل المحكمة قبل أن يسبق السيف العزل، خاصة وأن لبنان قد حسم خياره على طاولة الحوار الوطني بالاستعانة بمحكمة ذات طابع دولي.

ثالثاً: أما التخوف أن تهدد المحكمة الدولية العدالة والسلم الأهلي في لبنان، فهذا أمر حاصل من غير المحكمة وتتولاه، مع الأسف، قوى محلية وإقليمية متنازعة على الأرض اللبنانية ويدفع ثمنها شعب لبنان. ونرى أنه من الأجدى الدعوة إلى لقاء مصارحة

وطنية يؤسس للتوافق على قواعد ثابتة يرضى به الجميع بحيث تحصن الجبهة الداخلية لتكون سداً منيعاً بوجه "تهديدات المحكمة"، إن وردت، وسائر التحديات التي يتعرض لها المواطن في لبنان ..

ونشير هنا إلى أن مجلس الأمن الدولي كان قد استمع بالأمس إلى تقرير نيكولا ميشال، المستشار القانوني للأمم المتحدة، حول زيارته إلى بيروت والمحادثات التي أجراها مع الأفرقاء اللبنانيين حول المحكمة حيث أفضى بفشله في تجاوز المأزق السياسي اللبناني.

وفيما يعيد لبنان النظر في خياراته، يبقى الحال على حاله والمحكمة الدولية تتأرجح بين التحذير الرافض لها والتهليل المرحب بها ..!!

قبضة الإرهاب وسقوط الجمهورية..!!

2007/5/28

مرة أخرى يقع لبنان في كمين جديد من كمائن المؤامرة المستمرة. ومرةً أخرى تتعالى الأصوات المتضاربة من كل جانب لتؤكد أن قواعد اللعبة القديمة الجديدة، التي أفرزتها الأزمة اللبنانية المستفحلة، قد أصبحت لدى طاقم السياسيين، موالين ومعارضين، ممارسةً يومية يأتيها الجميع بدون تردد أو خوف على ما يمس الوطن والمواطن في عيشه أو أمنه.. فقد أمسى كل حدث أو حادث يتعرض له الوطن حقلاً خصباً لدى الفريقين، لتجديد التحليلات واستنباط الرؤى السياسية وإطلاق الاتهامات والتهديدات، البعض بوجه البعض الآخر. والكل يحذر من الآتي الأعظم ومن شر الفتنة المتنقلة، والكل يتساءل إلى أي مجهول يسير إليه لبنان وكأنهم جميعاً براء "من دم هذا الصدّيق"..

لقد اختلف فريقا الموالاة والمعارضة حول جميع القضايا والاستحقاقات تقريباً بما فيها المواضيع التي أجمعوا عليها على طاولة الحوار. ولم يتفقا إلا على أمر واحد، هو التصريح والتشديد في كل مناسبة على رفض فكرة الحرب الأهلية، وقد اعتبر الجميع أن الاقتتال بين اللبنانيين هو خط أحمر. ولست أدري إذا كان أفرقاء السياسة، الذين يميعون مواقفهم وينقضون اتفاقاتهم ويبطلون قراراتهم في كل يوم، يعنون ما يقولون أو أن مثل هذه التصريحات قد أدخلت فعلاً إلى نفوس المواطنين شيئاً من

الطمأنينة، هؤلاء الذين كفروا بالسياسة وبأهلها المتلاعبين بلقمة عيشهم ومستقبل أطفالهم ومصير بلادهم الذي أصبح على شفير الانهيار..

المشكلة في الاختلافات الحاصلة في لبنان أنها تتعدى المألوف في السياسة، كالاختلاف بوجهة النظر أو الاختلاف بالنهج وآلية العمل، إلى أبعاد أخرى تصب في خانة التخوين والادانة. ولا يمكن لمثل هذه الاختلافات أن تحمد عقباها لأنها وإن كان يبدو البركان هادئاً، إلا أن الهدوء لا يعني السكون! وأن الانفجار ينتظر ساعة الصفر.. المشكلة تعدت ما يقال ويشاع عند كل حدث.. لا بل تعدت ما يصرح به المعنيون، من أي جانب كانوا. فمن المؤسف القول أنه بات على المواطن الراغب في الوقوف على أسباب الأزمة، التي تتفاقم يوماً بعد يوم، أن يعمد إلى الاطلاع بنفسه على المواقف والتصريحات - الإقليمية والدولية - لفهم ما يحصل في حديقة منزله..

والحدث الأبرز اليوم في لبنان، هو تلك المشكلة العالقة بين الجيش اللبناني ومجموعة ما يسمى بـ "فتح الإسلام" على أثر قيام الأخيرة بأعمال إرهابية ضد عناصر من الجيش. وتقيم هذه المجموعة، كما هو معلوم، منذ صيف 2006 في مخيم نهر البارد للاجئين الفلسطينيين. وكأية ظاهرة أخرى، فقد اختلفت الآراء حول هوية هذه المجموعة والجهة التي تمولها والغاية التي أنشئت من أجلها وإن كان لا يمكن فصل ما جرى ويجري في الشمال عن الصراع الدائر في لبنان منذ سنتين بين فريقي 14 آذار الموالي للسلطة و8 آذار المعارض لها.

ففي مقابلة مع "سي إن إن" إنترناشونال من خلال برنامج "عالمكم اليوم"، يتناول الصحافي الأميركي سيمور هيرش العنف الدائر في لبنان فيقول إنه "في آذار الماضي تحولت السياسة الأميركية في

الشرق الأوسط إلى معارضة إيران وسوريا وحلفائها من الشيعة بأي ثمن، حتى وإن كان ذلك يعني تأييد الجهاديين السنة المتشددين. وقد ظهر هذا التحول السياسي في اتفاق بين نائب الرئيس الأميركي ديك تشيني ونائب مستشار الأمن القومي إليوت أبرامز والأمير بندر بن سلطان مستشار الأمن القومي السعودي، على أن يمول السعوديون سراً "فتح الإسلام" السنية في لبنان كثقل موازن لحزب الله الشيعي".

ومن جهة أخرى يعتقد البعض أن فتح الاسلام "تنظيم يرتبط فكريا بتنظيم القاعدة، ويتألف أساسا من مجموعة من المقاتلين الذين انتقلوا من سوريا إلى مخيمات لبنان". ويقال أن أحد عناصر فتح الانتفاضة وهو شاكر العبسي (أردني من أصل فلسطيني) انشق عن حركته الأم التي يتزعمها أبو موسى، وقام مع أتباعه الذين يتراوح عددهم الآن بين 200 و300 عنصر باحتلال مكاتب "فتح الانتفاضة" في مخيم البداوي في تشرين الثاني 2006 قبل أن ينسحبوا إلى مخيم نهر البارد شمال لبنان ويتخذوه مركزا رئيسيا لهم. وتقول المصادر "إن التنظيم يضم أشخاصا من جنسيات مختلفة منهم سوريون ولبنانيون وفلسطينيون وسعوديون وغيرهم".

وقد لف الغموض حقيقة هذا التنظيم الصغير الذي اتهمته أطراف لبنانية بالسعي لخدمة المصالح السورية في لبنان، في حين اتهمته أطراف أخرى بالتخطيط لاغتيال عدد من الزعامات المعارضة. غير أن زعيم التنظيم شاكر العبسي يقول إنه جاء من سوريا إلى لبنان بهدف مواجهة القرار 1559 الرامي إلى نزع السلاح الفلسطيني.

ما يهمنا الاشارة إليه في هذا السياق، هو ألا نؤخذ بالروايات التي تردد هنا أو هناك. ذلك أن الرواية تختلف باختلاف من يرويها أو باختلاف المصادر التي تُستقى منها المعلومات. أضف إلى ذلك ما

يسوّقه الاعلام الغربي من دس وتشخيص مغرض للوقائع، لا يمت للحقيقة بأية صلة ولا مكان له إلا في رؤوس من يروّجون له. وإن بعض ما يقال، لهو بمثابة فضائح خطيرة لا يجوز السكوت عنها لو كانت صحيحة، لأنها تندرج في خانة الخيانة العظمى..
فمع اختلاف الآراء وتعددها، ومع التجاذبات الدائرة بين أركان الموالاة والمعارضة، حتى في شأن "فتح الاسلام"، من الملاحظ أن هناك إجماعاً بين القيادتين لرفض الخيار العسكري في مخيم نهر البارد، وهذه بادرة إيجابية، حفاظاً على الدم الفلسطيني البريء وضماناً لفتح المجال أمام المعالجات السياسية خاصة أن هناك إجماعاً لبنانياً ـ فلسطينياً بإدانة عناصر فتح الاسلام واعتبار أعمالها عدوانية وإرهابية.

إنه الكمين الجديد الذي نصب للبنان اليوم لكي يتحول إلى ساحة أوسع للصراعات الدائرة في المنطقة وعليها: فإما أن نبادر، معارضة وموالاة، للوقوف بوجه المؤامرة وينتصر لبنان.. وإما أن نتخلى عن الدور ونشرّع الأبواب للأوصياء الاقليميين والدوليين لبلوغ القرار، فنقع جميعاً بين فكي الكمين.. جمهوريون يفتشون عن جمهورية!.
يبقى التمسك بالحل السياسي وعدم إدخال الجيش في مستنقعات الفتنة، أمراً ضرورياً للحفاظ على الجمهورية ومنعها من السقوط في قبضة الارهاب..

ماذا ينتظرنا عندما يسقط الوطن..

2007/7/ 31

في ظل أجواء التوتر التي يعيشها لبنان اليوم على مختلف الأصعدة، باتت "الهلوسة" السياسية سيدة الموقف وأصبح "المجهول" الذي يقترب منه اللبنانيون، على حد تقدير المراقبين، القضاء والقدر الذي لا بد منه.. فكل ما يحدث على الأرض يثير المخاوف ويزيد القلق والاضطراب في نفوس المواطنين والكل يتساءل.. إلى أين؟ ويؤكد المراقبون - الأجانب خاصة - أن ما نشاهده ونسمعه في لبنان من تصريحات ومهاترات وتحديات.. لو كان يجري في بلد آخر غير لبنان لكان وقع الانفجار منذ زمن وانهار الكيان إلى الأبد..

وفي هذا السياق جاء تحذير وزير الخارجية الفرنسي كوشنير، قبيل مغادرته لبنان الأسبوع الماضي، حيث أشار إلى تفاقم الأزمة السياسية التي يعيشها لبنان حالياً واحتمال اندلاع حرب أهلية جديدة ما لم يتجاوز الأفرقاء اللبنانيون خلافاتهم ويتوصلوا إلى حل لهذه الأزمة. لذلك على اللبنانيين أن يشكروا الله على أنهم يعيشون في لبنان - بلد المعجزات - وأن الأمل في العودة إلى الوعي والصواب لا يزال حياً حتى إشعار آخر طالما أن الحرب لم تندلع بعد رغم كل المحاولات والإثارات الداخلية والخارجية لإشعالها ..

وإن لم تكن هذه حقيقة واقعة، إلا أن علينا أن نجعل منها كذلك إذ لا يمكن للانسان أن يعيش أو يستمر "لولا فسحة الأمل".

فبالرغم من تمسكنا بالأمل وعدم السماح للاحباط واليأس أن يقعدا فينا العزم والطموح، إلا أننا نتجه إلى قراءة موضوعية للواقع المتردي الذي ينتج مثل هذه السلبيات ويؤدي إلى الانهيار والضياع. فالواقع يثبت أحياناً بأن النظريات الفلسفية والاجتماعية لمعالجة الأزمة اللبنانية لم تعد ذات جدوى وإن كانت تصلح لكتابة "موضوع إنشاء" أو "قصيدة شعر". ويبدو الدليل القاطع أمامنا في المحاولات الجارية على قدم وساق للتوفيق بين اللبنانيين، من مبادرات داخلية وعربية ودولية، وكانت آخرها الفرنسية، إلا أن الفشل كان سيد الموقف في نهاية كل مطاف.. فمن المؤسف القول، إن الذي يجري في لبنان لا يمكن تصنيفه أو مقارنته بأي من الأحداث التي تجري في البلدان الأخرى. لقد أمسى لبنان، في كل بدو منه أو ظاهرة عنه.. كالمنفرد بذاته.

هل كان على ممثلي اللبنانيين من قادة ونواب، أن يلبوا دعوة كوشنير إلى "سان كلو" للاجتماع..؟

هل كان عليهم أن يستخدموا خدمات "عمرو موسى" لنقل الرسائل إلى بعضهم البعض..؟

هل كان عليهم أن يستضيفوا في كل يوم جيفري فلتمان وبرنارد إيمييه أو عبد العزيز الخوجه وحسين ضرار، لمناقشة المستجدات على الساحة..؟

أم أنهم الأطفال القاصرون الذين يحتاجون إلى وصي أو ولي ليتدبروا أمورهم..!

المشكلة تكمن هنا: لقد تخلى اللبنانيون عن دورهم عندما وافقوا على إقفال مجلس النواب وأطلقوا يد الآخرين لينوبوا عنهم في "الاجتماع والقرار". فكانت النتيجة أن فشلت الاجتماعات وتراخت القرارات مما أدى إلى تباعد الأخصام وابتعاد الحلول. وهذا يؤكد للمرة المليون بأن لا حل للأزمة المستعصية إلا بمبادرة من اللبنانيين أنفسهم، وأن لا بد من لقائهم وتحاورهم للوصول إلى

القرار. ولا يكون ذلك إلا بالاجتماع، ولا مكان أفضل من مجلس النواب للاجتماع فيه.. الخطوة الأولى باتجاه الحل تبدأ من هنا وبغير ذلك عبثاً تلقى جميع المحاولات وهباءً تُبذل كل الجهود..

إن ما يحدث في لبنان اليوم، أقل ما يقال فيه أو عنه: "عيب وألف عيب"، والغريب أن ما من مسؤول يتراجع أو يرف له جفن ليعيد النظر في مواقفه وحساباته. لا بل ما تشهده الساحة السياسية، كلما استفحلت الأزمة، مزيداً من التشنج والاصرار على ارتكاب الخطأ: كالتحريض والتعبئة الطائفية في محاضرة عن التوافق والتعايش بين الثقافات. أو استخدام لغة التخوين بوجه الخصم وتسميته فيما بعد بـ "الشريك في الوطن". أو الادعاء بالديمقراطية في معرض التهديد والوعيد وعدم القبول بالرأي الآخر..

وكأن "الابتكارات الحضارية" هذه، التي تتزايد أشكالها على الساحة السياسية يوماً بعد يوم، ، قد وصلت إلى درجتها القصوى ونفثت سمومها في حياة المواطن لتنذر بالانفجار الكبير. لم يعد من مكان للأمل، أو لفسحة يتسرب منها الأمل إلى الناس. فهل يعي هؤلاء "الجهابذة الجدد" ماذا ينتظرهم إذا ما استمروا بعنادهم ووقعت الواقعة؟. وهل نتحدث عن التفاؤل وإيجابيات المرحلة عندما يسقط الوطن وتتجه كل مؤسساته إلى الانحدار فالانهيار..؟؟

إن إخفاق كوشنير في إيجاد تسوية للمسألة اللبنانية، ومن قبله عمرو موسى والملك عبد الله بن عبد العزيز، يجب أن يكون درساً يستفيد منه الأفرقاء اللبنانيون ومفاده أن لا حل إلا بالمبادرة اللبنانية والأداة اللبنانية. فأياً كانت مبادرات الدول الشقيقة أو الصديقة، القريبة أو البعيدة، وأياً كانت الظروف الاقليمية أو الدولية، فلا يمكن أن تتحقق المبادرة وتقوم التسوية بين اللبنانيين إلا على حساب لبنان إذ لا شيء يعطى بالمجان. وطالما أن لبنان سيدفع الثمن في مطلق الأحوال، فلمَ لا تكون التسوية بمبادرة من

أبنائه: فهم الأولى بالمعروف والعارفون بخفايا الأمور، وهم أدرى من غيرهم بما يتلاءم مع تطلعات اللبنانيين خاصة عندما يتعلق الأمر بـ "الاستخفاف بالعقول" و"الضحك على الذقون" واستخدام المصطلحات المركبة والمناقضة لمدلولها كالديمقراطية التوافقية والشرعية الميثاقية والتعددية الثقافية وغيرها من المركبات المضلِلة التي تخدم في واقعها النظام الاقطاعي والطائفي الذي ينتمي إليه جميع هؤلاء "المجتهدين"..

فبالرغم من كل الشوائب التي تعشش في نظامنا السياسي، يحتاج الوطن إلى تسوية تقيه شر الانحدار إلى المجهول. فهل سأل أهل الحل والربط في لبنان ماذا ينتظرنا عندما يسقط الوطن..!؟

الاستحقاق الرئاسي
بين تعويم النظام وإسقاطه..

2007/10/6

ماذا ينتظر لبنان عشية الاستحقاق الرئاسي، هذا الاستحقاق ـ الحدث الذي يتصدّر نشرات الأخبار وعناوين الصحف والمجلات وأحاديث الشوارع والصالونات..؟
بل ماذا ينتظر اللبنانيين بعد أن ضاقوا ذرعاً بكل أنواع الاستحقاقات التي لم تجلب لهم، في السنوات الثلاث الأخيرة، سوى التفجيرات والكوارث والويلات..؟
لقد أمسى هذا الاستحقاق محط أنظار الجميع وبطل كل البرامج الاخبارية والترفيهية. يتناوله، في تفسيرات قانونية واجتهادات دستورية وتحليلات سياسية، الصغير كما الكبير، والقريب كما البعيد، والعدو كما الصديق.. (والكل لا يريد أن يتدخل بشؤون لبنان الداخلية). البعض يرى فيه نهاية المطاف قبل الانفجار والبعض الآخر يرى فيه أول الغيث على طريق الخلاص.. أما المواطن الصابر، المتطلع إلى مستقبله ومستقبل أولاده بين افتراضات هذا وذاك، فلم يعد يميز بين الانفجار والخلاص لكنه "اعتصم بحبل الله" وهو يتأرجح بين نارين: تشاؤم "الجاهلين" وتفاؤل "العارفين"..

حتى الأمس القريب جداً، كانت المراهنات ناشطة على أن الصدام الحاصل بين فريقي الموالاة والمعارضة سيؤدي إلى نسف الاستحقاق الرئاسي. وأبرز أشكال هذا الصدام الخلاف على تفسير الدستور لجهة النصاب والمهل والصلاحيات وخلافها. وبعد أن بلغت المعارك السياسية بين الفريقين حداً أوصد معه جميع أبواب الحلول، كان يتخوف المراقبون من أن يتحول الصدام من معارك كلامية إلى مواجهات ميدانية باتجاه حرب أهلية، وهذا ما لم يحصل. وبالرغم من ذلك، لم يتنفس المواطن الصعداء ولم تعد الحياة إلى قلب العاصمة ولم يتدفق السواح إلى لبنان.. الحال على حالها والتجاذبات على أشدها والغضب الشعبي في أعلى درجاته.. وبين ليلة وضحاها، رأينا الجميع يتجه إلى التفاؤل والواحد يدعو الآخر للتوافق، ليس على الرئيس العتيد وحسب وإنما على كل ما يحقق الخير للوطن والمواطن، والشعارات على لسان أهل السياسة هي ذاتها هنا وهناك: لبنان لا يحكم إلا بالتوافق.. الاستحقاق الرئاسي هو المدخل لحل كل الخلافات العالقة بين اللبنانيين.. تنفيذ الاستحقاق ينقذ لبنان ويمنع سقوط الجمهورية.. الاستحقاق الرئاسي يحفظ حق المسيحيين (وجميع اللبنانيين).. إلى ما هنالك. وكأن روحاً رسولية نزلت في كل منهم لتبشّر بعودة الأمل وتجعلَ من خريف الأيام ربيعاً أخضر..

والطريف بالأمر أنه لم يقتصر التفاؤل على الأجواء الداخلية وحسب، بل تعداه إلى الأجواء الاقليمية والدولية. فسمعنا تصريحات على لسان كثير من السياسيين والدبلوماسيين "المتفائلين" الذين يؤكدون بأن الاستحقاق الرئاسي سيجري في موعده وفقاً للدستور، من غير أن يدخلوا بالتفاصيل (باعتبارهم لا يتدخلون بشؤون لبنان الداخلية). وبهذا تلتقي الارادة الوطنية والعربية والدولية لتوفير أجواء الوفاق المؤدية إلى الحل، من غير أن يتخلى أحد عن "إدمانه" على التجاذبات والتصعيد الكلامي..

ماذا ليحصل لو لم يتم انتخاب رئيس للجمهورية في موعد الاستحقاق..؟ لقد أجمع المحللون أنها الكارثة الكبرى أياً كان السيناريو المفترض حدوثه:

ـ بتقسيم لبنان إذا استمرت الحكومة الحالية بممارسة مهامها بعد رحيل رئيس الجمهورية أو إذا عمد رئيس الجمهورية على تأليف حكومة ثانية. وفي الحالتين التخوف من قيام حرب أهلية.

ـ بالفراغ الدستوري وهذا يؤدي بدوره إلى نسف الكيان وسقوط الجمهورية، ناهيك عمّ سيلحق من انهيارات قانونية وإدارية ونقدية وغيرها..

فإذا كان لأحد هذه السيناريوهات أن يتحقق، فإنه سيسقط في الحد الأدنى، النظام السياسي القائم..! وهذا ما يفسر عودة جميع السياسيين، معارضين وموالين، إلى التروي والهدوء و"التفاؤل" بانتخاب رئيس للجمهورية ضمن المهل الدستورية لأنه يعز عليهم جميعاً سقوط "النظام الطائفي" المعمول به وقد أدركوا أن لا وجود لهم من دونه..

وها هو التاريخ يعيد نفسه: بالأمس في العام 1989، كانت الظروف السياسية بين اللبنانيين تشبه ظروف اليوم مع فارق أن الصدام كان مسلحاً وإمكانية الوصول إلى التسوية والوفاق شبه مستحيلة. ومع ذلك أجمع أهل السياسة على الطائف وكانت الاتفاقية الشهيرة التي أوقفت التفجير والقصف المدفعي بين ليلة وضحاها. وما كان ليحصل ذلك الاتفاق في لبنان لولا خوف السياسيين من سقوط النظام "الطائفي" الذي يحميهم جميعاً. فاتفقوا على "تعويم النظام" مع إدخال بعض التعديلات على النص لإرضاء العلمانيين ومثال ذلك: توزيع المناصب بالتساوي بين المسيحيين والمسلمين وإلغاء الطائفية السياسية فيما بعد.

وقد جاء في نص اتفاقية الطائف: "إن الغاء الطائفية السياسية هدف وطني اساسي يقتضي العمل على تحقيقه وفق خطة مرحلية،

وعلى مجلس النواب المنتخب على اساس المناصفة بين المسلمين والمسيحيين اتخاذ الاجراءات الملائمة لتحقيق هذا الهدف وتشكيل هيئة وطنية برئاسة رئيس الجمهورية، تضم بالاضافة الى رئيس مجلس النواب ورئيس مجلس الوزراء شخصيات سياسية وفكرية واجتماعية. ومهمة هذه الهيئة دراسة واقتراح الطرق الكفيلة بإلغاء الطائفية وتقديمها الى مجلسي النواب والوزراء ومتابعة تنفيذ الخطة المرحلية.. إلخ". وتعليقاً على هذا النص: أقل ما يمكن أن يقال فيه أنه استخفاف بعقول الناس..

الموقف اليوم يشبه الموقف بالأمس. لقد استفاق الجميع من غفلتهم وهم يعملون جادين قبل فوات الأوان لتعويم النظام الطائفي، بالتوافق والاتفاق على رئيس للجمهورية بحجة "إنقاذ الوطن" ولو اضطروا إلى إدخال نص مماثل لنص "الطائف" عن إلغاء الطائفية السياسية. ويبقى الاحتمال الآخر بإسقاط النظام وارداً بين تشاؤم "الجاهلين" وتفاؤل "العارفين"، إذا كانت المؤامرة تستهدف "الكيان" أو إذا كان لا يزال البعض يراهن على "التغيير"..

وفيما تعقد الاجتماعات المكثفة لإيجاد الصيغة الملائمة وإجراء الاستحقاق الرئاسي في موعده، يظهر إلى الواجهة فجأةً اسم قائد الجيش العماد ميشال سليمان كمرشح توافقي، تطرحه قوى الرابع عشر من آذار مع الاستعداد لتعديل الدستور، في وقت كانت تتمسك بقرارها المبدئي أي عدم القبول بمس الدستور ورفض العسكريين على سدة الرئاسة الأولى. وقد لاقى هذا الطرح استحساناً لدى المعارضة (بالطبع قبل أن يدلي العماد عون بشروطه التي أسماها: الثوابت المسيحية).

وفي إعادة قراءة للبيان الذي صدر عن العماد ميشال سليمان خلال صيف 2007 حول الأوضاع العامة في البلاد، نلاحظ أنه تضمن انتقاداً للسياسيين والسلطة اللبنانية، كما تضمن تأكيداً على المضي

في القتال "دفاعاً عن هوية لبنان ووجوده" منوهاً بدور سورية في مساعدتها للجيش اللبناني في السابق معتبراً إياها دولة صديقة.. وقد اعتبر المراقبون آنذاك هذا البيان إفصاحاً عن رغبة ضمنية لقائد الجيش في تولي منصب الرئاسة الأولى خاصة وأن اسمه قد ورد مراراً وتكراراً على أنه يصلح لأن يكون رئيساً توافقياً إذا تعثر الاستحقاق بسبب عدم التوافق على شخص الرئيس بين فريقي الموالاة والمعارضة. وكنا قد أشرنا إلى هذا في حينه خلال آب 2007 واعتبرنا بأن الكفة ستميل في النهاية إلى فكرة تعديل الدستور والمجيء بالعماد سليمان كرئيس توافقي.

كانت الصورة على غير ما تبدو عليه اليوم ولم يكن ثمة ما يشير إلى طرح "ميشال سليمان"، كما أنه لم يكن هناك من يوافق على اقتراح رئيسٍ للجمهورية من المؤسسة العسكرية. لا بل، كان ولا يزال، يعتبر البعض أن المجيء برئيس عسكري هو تمديد للأزمة القائمة. ولكن إذا ما وصل الوضع المتردي إلى الطريق المسدود ـ وهذا هو واقع اليوم ـ لا شك وأنه سيقبل به الجميع: المعارضة لسببين، الأول كون العماد سليمان هو من خارج سرب 14 آذار، والثاني كونه لا ينصب العداء للنظام السوري. والموالاة لسبب واحد فقط، كونه المرشح الوحيد القادر على حسم الموقف (للأسباب المبينة أعلاه) وإنقاذ الكرسي الماروني الأول في الدولة. ومع إنقاذ الموقع الماروني "يسلم النظام الطائفي من الانهيار"..

عام 2004، كان الأميركيون يراهنون على وقوع الجميع، لبنانيين وسوريين، في فخ التمديد للرئيس لحود، فعملوا على استصدار قرار مجلس الأمن رقم 1559 ليكون جاهزاً حتى قبل إتمام عملية التمديد التي كانت لهم اليد الطولى في التشجيع عليها (ولو بطريقة غير مباشرة).. وكان بنتيجته أن انفجر الوضع الأمني والسياسي في لبنان ولا يزال حتى إشعار آخر.. لقد نجحوا، ليس في تمديد

ولاية لحود كما ذكرنا سابقاً (وليس هذا ما يعنيهم)، بل في تمديد الأزمة في لبنان والمشرق العربي بانتظار ظروف مؤاتية، أو ربما أفضل، لطموحاتهم في التحكم والسيطرة..

هل تتحرك أميركا اليوم، باتجاه تمديد آخر للأزمة اللبنانية في نصب الفخ الجديد بالترويج لفكرة التوافق على شخص ميشال سليمان، وهي التي تسعى مع فرنسا وسورية لتأمين التوافق على "الجنرال"..؟ أم أن التوافق على شخص الرئيس سيؤدي إلى التوافق على جميع المسائل العالقة الذي إذا ما تم بالفعل، قطع الطريق على التدخلات الخارجية..؟

من الواضح أن تعديل الدستور والمجيء بقائد الجيش أمر ممكن وفيه إنقاذ للموقع الرئاسي واستعادة للامتياز الماروني في لبنان.. ولكن السؤال الذي سيظل مطروحاً ويحتاج إلى جواب: هل المجيء بميشال سليمان سيبعد شبح المؤامرة وينقذ لبنان ..؟

تفاقم الأزمة وانحلال الوطن..!

2008/1/30

لقد بات المشهد اللبناني، على تعقيداته وتداخلاته، أكثر وضوحاً من ذي قبل بعد أن بلغت الأزمة السياسية ذروتها. قد يستغرب القارىء أو السامع كيف يمكن أن تبدو المشاهدة على هذا النحو من الوضوح مع كل ما يتفاقم من تشنجات في المواقف وما يستتبعها من اتهامات وتهديدات ومهاترات من كلا الجانبين بحق الآخر، ولسان حال المواطن المترقب يقول: "نجّنا يا رب، فليس هذا الذي نسمع ونرى سوى الارباك الذي يسبق الانفجار الكبير.. ولا شك بأن الآتي أعظم".

وإذ تسنى لنا أن نرى المشهد بوضوح، فلأننا ننظر إلى الصورة الكبيرة، بكل معالمها وتفاصيلها ودقائقها، من دون أن يؤثر فينا عامل المجاملة أو الخوف. وقد كانت هذه العوامل ولا تزال، مجتمعةً أو منفردةً، الدافع الرئيسي لدى غالبية اللبنانيين في أدائهم اليومي المعيشي والفكري والسياسي. أما المشهد الذي نتكلم عنه فهو الصراع الطائفي الدائر في لبنان اليوم، وهو على أشده عبر التاريخ، وقد بلغ حداً لا يطاق لما يحمل من مخاطر على الجميع إذا ما قدّر له أن ينفجر. وتكمن المشكلة، ليس في استفحال داء الطائفية في الجسم اللبناني وحسب، وإنما في ما يحاوله أهل

السياسة وأمراء الطوائف من كل جانب من تغطيات تمويهية وتضليلية لتصريحاتهم ومواقفهم وتحالفاتهم حتى يبدو الواحد منهم وكأنه "المخلص المنتظر" الآتي إلينا من العالم الآخر. كما يعملون على مصادرة فكر من ينتمي إلى طائفتهم أو "عشيرتهم" فيفكرون عنه ويقررون عنه ويخضعونه للعقاب إن هو خالف رأيهم..

إن المعضلة التي يعاني منها المواطن في لبنان ليست بالجديدة، فعمرها من عمر لبنان أي منذ الاعلان عن قيامه أو سلخه عن الوطن الأم بموجب تقسيمات سايكس ـ بيكو. وقد تكرس النفوذ الطائفي، عرفياً وميثاقياً، بتوقيع وثيقة 1943 التي قامت على المحاصصة بين الطوائف كما تكرست الزعامات السياسية، على يد الفرنسيين والانكليز (مانحي الاستقلال الناقص)، بتعزيز العصبيات الطائفية والعشائرية التي تعمل لصالح الطوائف وليس لصالح الوطن. وبديهي أن تعمل الارادة الأجنبية، التي تحمي استقلال "الكيان الطائفي"، على تشجيع الطوائفية ورموزها لكي تضمن تدخلها الدائم، من خلالهم، في المجرى السياسي العام متى دعت الحاجة. ومن البديهي أيضاً أن تعمل الطوائف المسيحية بالتعاون مع هذه الارادة، على التمسك بالكيان اللبناني باعتباره الوطن النهائي والملاذ الوحيد لها في الشرق وكأنه خشبة خلاص المسيحيين مما أصابهم من الحكم (الاسلامي) العثماني على مر قرون من الزمن.. وقد وافق زعماء الاستقلال آنذاك، مسيحيون ومسلمون، على تلك المحاصصة الطائفية على أن يتم إلغاؤها فيما بعد ـ في وعد للشعب بعلمنة الدولة ـ وهذا ما لم يحصل!. ولم تتنبه الزعامات الاسلامية للامتيازات التي حصلت عليها الطوائف المسيحية بإعطاء رئيس الجمهورية صلاحيات إضافية تقضي بحل مجلس النواب أو مجلس الوزراء ساعة يشاء. ولم يتسن لهذه الزعامات أن تعيد النظر فيما ضاع من حقوق، إلا في اتفاقية الطائف عام 1989 حيث تم تقليص صلاحيات رئيس الجمهورية

وتقدم إلى الواجهة نظام الترويكا الطائفية.. واتفاق الطائف، الذي يشدد عليه الجميع اليوم لقيام الدولة وكأنه الدستور الأمثل للجمهورية الجديدة، هو، على ما يبدو، غير صالح لإعادة اللحمة بين أبناء الوطن وغير مؤهل ليكون دستور الدولة، وأقل ما يقال فيه أنه اتفاق وضع على عجلة وكان يهدف إلى أمر واحد ليس إلا وهو إيقاف الحرب الأهلية في لبنان. أما عن النتائج الأخرى التي تمخضت عن هذا الاتفاق، فيمكن القول ـ وللأسف ـ إنها ماثلة في تكريس الطائفية السياسية وتعزيز التعصب الطائفي الذي هو أبغض الحلال في وطن يدّعي أهله ممارسة الديمقراطية والتفوق الحضاري. والأطرف من كل هذا أن بنداً من بنود الطائف يتحدث عن إلغاء الطائفية السياسية في مرحلة لاحقة من وضعه موضع التنفيذ كما جاء في وثيقة 1943 من قبل (لذر الرماد في العيون)، في أكبر وأوقح ما يكون العهر السياسي أو سمّه "الغباء السياسي" لتلطيفه.

ففي هذا الواقع المضلِل يعيش المواطن في لبنان اليوم. لقد تجاوزت الأزمة كل الأعراف والتقاليد اللبنانية وأثيرت جملة من المواضيع التي اعتبرت العثرة على طريق الحل، من غير أن يُطرح موضوع الطائفية في العمق والوقوف عنده كأساس لكل المشكلات العالقة. وإن الذي يحصل اليوم، هو ليس وليد اليوم، بل حصيلة تراكمات لم تحسم في أوقاتها بل تفاقمت وتعقدت حتى بات يصعب حلها:

ـ نتشدق بالحرية ونفاخر بها ونحن مكبلون بسلاسل القمع والخوف والتبعية..

ـ نتغنى بالديمقراطية ونعرض لديمقراطية توافقية (طائفية) معدومة، لا يفهمها العالم المتحضر..

- ندّعي الانتماء العربي ـ بموجب اتفاقية الطائف ـ بعد أن كان لبنان "ذا وجه عربي" ـ عملاً بميثاق 1943 ـ وفي كلتا الحالتين، نفهم من ذلك الأخذ من العرب دون العطاء..
- نطالب بالوحدة الوطنية وولاؤنا للطائفة وليس للوطن..
- نصرح بنبذ الطائفية ونحذر من الفتنة ونعمل على إذكاء نارها في نفوس المواطنين..

كيف يمكننا أن نغير في هذا المشهد الذي يتراءى لنا في كل يوم وقد تحول صراعنا من أجل خلاص الجمهورية، إلى انهزام أمام نفوذ الطوائف وأمرائها المتربعين على استسلام هذا الشعب وسذاجته.. كيف يمكن لنا أن نخرج من مستنقعات التخلف والعصبية واللحاق بركاب الانماء والتطور.. بل كيف لنا أن نسقط عن وجهنا قناع الزيف لنعلن عن وجودنا وإصرارنا على الصراع من أجل الوطن..

لقد سقطت طموحات شعبنا في قنوات الأزمة وباتت تنذر بسقوط الوطن. فهل نشاهد في الفصل التالي (لا قدّر الله).. تفاقم الأزمة وانحلال الوطن..؟

إلى فخامة الرئيس سليمان مع أطيب التمنيات !

2008/6/5

صاحب الفخامة..

تحية وطنية صادقة نبثها إليكم عبر جريدتنا المتواضعة هذه، الصغيرة بحجمها.. الكبيرة بطموحاتها وتطلعاتها، والتي كانت السباقة في كشف الغطاء عن بريق الأمل الذي أحاط بالجمهورية يوم لمع نجمكم أبان القضاء على إرهابيي نهر البارد خلال صيف العام الماضي، حيث كتبت أكثر من مقال مؤكداً أنكم الشخصية اللبنانية المارونية الوحيدة التي تنطبق عليها مواصفات التوافق بالرغم من مخالفة الدستور ـ غير أن هذا التوافق (اللبناني المنشأ) الذي كثر الكلام عنه بين الموالاة والمعارضة هو الذي أوحى إلي بما كتبت ـ وخلصت إلى القول أنه بالتفاف سائر الأفرقاء حول شخصكم الكريم فقط، يمكن أن يخرج لبنان من الأزمة السياسية الحادة التي طالت فصولها.

وكان ذلك تحديداً بتاريخ العشرين من شهر آب 2007 حيث جاء في سياق المقالة:

" .. وفي استعراض لما يدور في فلك الاستحقاق الرئاسي، يتصدر الأحداث البيان الذي صدر عن العماد ميشال سليمان مؤخراً حول الأوضاع العامة في البلاد إذ تضمن انتقاداً للسياسيين اللبنانيين عامة وللعقلية السائدة التي تتحكم بقراراتهم، كما تضمن البيان تأكيداً على المضي في القتال "دفاعاً عن هوية لبنان ووجوده" وتنويهاً بدور سورية في مساعدتها للجيش اللبناني في السابق معتبراً إياها دولة صديقة..

وقد اعتبر المراقبون هذا البيان إفصاحاً عن رغبة ضمنية لقائد الجيش في تولي منصب الرئاسة الأولى خاصة وأن اسمه قد ورد مراراً وتكراراً على أنه يصلح لأن يكون رئيساً توافقياً إذا تعثر الاستحقاق بسبب عدم التوافق على شخص الرئيس بين فريقي الموالاة والمعارضة (حتى ولو اضطر الأمر إلى تعديل الدستور). والذي يزيد في هذا الاعتقاد هو تصلب المعارضة بمطلب حكومة الوحدة الوطنية قبل البحث بالرئيس العتيد وهو الأمر الذي لن تقبل به الأكثرية حتماً. ومعنى ذلك أن يكون الموقف أحد أمرين: إما عدم إجراء الاستحقاق في موعده وبالتالي جر البلاد إلى المجهول، وإما القبول برئيس يتوافق عليه الجميع من خارج فريق 14 آذار إنقاذاً لموقع الرئاسة وإعادته إلى الحظيرة المارونية. ويعزز هذا الاحتمال تصريح البطريرك صفير الذي قال: ليس هناك ما يمنع تعديل الدستور إذا قضت بذلك المصلحة العامة. كما جاء بتصريح مماثل للعماد ميشال عون الذي أكد أن الدستور ليس منزلاً وتعديله أمر ضروري إذا كان يؤدي إلى إنقاذ لبنان..

وذكرت في سياق المقال بأنه ليس ثمة ما يشير إلى طرح "ميشال سليمان" في الوقت الراهن كرئيس توافقي، كما أنه ليس هناك من يوافق على اقتراح رئيس للجمهورية من المؤسسة العسكرية، لا بل يعتبر البعض أن المجيء برئيس عسكري هو تمديد للأزمة القائمة. ولكن إذا ما وصل الوضع المتردي إلى الطريق المسدود، لا شك وأنه سيقبل به الجميع: المعارضة لسببين، الأول لكون العماد سليمان من خارج سرب 14 آذار، والثاني لكونه لا ينصب العداء للنظام السوري. أما قبول الموالاة فهو حتمي ولسبب واحد فقط، كون ميشال سليمان، إذا ما وافق على التسوية، سيتحول إلى الرمز القادر على إنقاذ الكرسي الأول في الدولة وإعادة الامتياز الماروني إلى الاعتبار .."

وهكذا صحت توقعاتي المتواضعة وتوافق جميع اللبنانيين - ومن ورائهم سائر الدول الاقليمية والغربية المعنية بالشأن اللبناني - على أن تتسلموا سدة الرئاسة الأولى وتمسكوا بزمام الأمور في ورشة معقدة قد لا يكفيها عهد واحد لإتمام الاصلاحات اللازمة.
وإذ يشرفني أن أخاطبكم من على هذا المنبر الحر، آمل أن أوفق في نقل رسالتي التي يشاركني فيها الآلاف من اللبنانيين المنتشرين في العالم، التواقين إلى العودة والمتطلعين إلى الخلاص من تداعيات المرحلة السابقة التي شردت أهل لبنان في أصقاع الأرض بحثاً عن ملاذ يقيهم رائحة الموت والبارود.. علها تجد كلماتي طريقها في زحمة المطالب والخطابات التي تقدم إليكم في هذه الأيام..

صاحب الفخامة
ما حصل في لبنان في الآونة الأخيرة كاد يؤدي إلى الفتنة الطائفية التي يحرص كل فريق على التحذير منها رغم استخدامه اللغة التي تؤدي إليها. والمؤسف أن الكل يراهن في تحركاته وتهديداته على عنصر الشباب.. هذا الشباب الذي نريده سيداً "غالباً" من أجل لبنان، صالحاً في مواطنته، علمانياً في إدارة شؤونه وضارباً لعقم التخلف والعصبيات الطائفية فيه، فإذا به أداة طيعة بيد المتخلفين المضللين العاملين على إلغاء الوطن لإشباع غرائزهم الطائفية..
إن التصريحات التي نسمعها على لسان المسؤولين في لبنان أو "المسؤولين عنهم" من الخارج، المعنيين بالمبادرات والتسويات بين الأفرقاء "المتخاصمين"، تبدو وكأنها تكرر نفسها في كل مرة تتفاقم فيها الأزمة السياسية بين "الرموز" أو "الفصائل" الأساسية اللاعبة على المسرح السياسي اللبناني. وإنني أذكر تماماً، منذ فجر الاستقلال في الأربعينات من القرن الماضي وحتى أيامنا هذه، كيف كانت ولا تزال تتدخل الدول الشقيقة والصديقة بين أهل

السياسة في لبنان لتعيد التوازن إلى نصابه عند كل حدث يعكر صفو الأمن أو كلما اهتز الوضع الداخلي بسبب القرارات الخاطئة والسلبيات التي كانت تصدر من هنا أو هناك وكيف كانت تتم التسويات، بعد أخذ ورد ومماطلة وتسويف حتى إذا ما هدأت الخواطر ومرّ بعض الوقت، عاد التشنج إلى الرؤوس والخطاب السياسي إلى التصعيد، انتقاداً واتهاماً وتهديداً وتخويناً، لينذر بأزمة جديدة تلوح في الأفق. وهكذا تعاد الكرة في كل مرة.. ومثال ذلك التسوية التي تمت في العام 1958 على أثر خروج لبنان من الأحداث الأهلية الدامية وتسوية العام 1990 على أثر وقف الحرب الطائفية التي دامت خمس عشرة سنة وكان بنتيجتها "إتفاق الطائف". وها نحن اليوم أمام تسوية "الدوحة" التي لا تختلف عن سابقتيها حيث الأميركي هو عرّاب التسوية والشعار هو ذاته "لا غالب ولا مغلوب"..

والملاحظ منذ الاستقلال حتى أيامنا هذه، أن التسويات التي كانت تتم بين الأفرقاء كلما استعصت الأزمة، لم تكن لتصمد كثيراً لأسباب عدة أهمها:

أولاً: ـ تناول التسوية لقشور الأزمة دون العمق والجذور ـ وكان يتم ذلك بموافقة أطراف النزاع الذين يرضون ظاهراً بشعار "لا غالب ولا مغلوب" وفي قرارة ذاتهم أنهم غالبون، فيراهنون على عامل الوقت في قبول التسوية، علهم يحققون غايتهم أو مطلبهم لاحقاً عندما تسمح الظروف بذلك. ومثل هذه التسويات سرعان ما تسقط لأنها لا تؤسس لأرضية وفاق وطني صلبة قابلة للحياة.

ثانياً: ـ مرافقة التسوية للإرادة الأجنبية التي تسعى إلى التوفيق بين المتنازعين ـ وغالباً ما تتجه هذه الإرادة إلى استخدام الاتفاقيات الهشة لكي يبقى الزمام بيدها، فيسهل عليها تفريق الصف متى دعت الحاجة إلى ذلك.

ثالثاً: ـ اصطفاف سائر الأفرقاء خلف طوائفهم ومذاهبهم بما تمليه "العادات والتقاليد"، وتماديهم بفقدان أعصابهم واستخدام أساليب المهاترة والتهديد والاحتقان الطائفي إلى حد يصعب معه الرجوع إلى الصواب.

فبالرغم من اعتماد شعار "لا غالب ولا مغلوب" في كل تسوية تمت في لبنان، إلا أنه لم يقتنع أحد به يوماً ليجعل منه قيمة اجتماعية محفزة لبناء الوطن ومؤسساته أو شعاراً محسوساً لصون الوحدة الوطنية بوجه التحديات الخارجية. وعلى العكس، فإن الاستهتار والسطحية في معالجة الأمور الصغيرة والكبيرة، واستخدام الشعارات البراقة التي تستخف بعقول المواطنين وتثير فيهم النزعات الطائفية والمذهبية، هي من الأفعال التي تجعل الوطن عرضةً للاهتزاز في كل مناسبة وتجعل المواطنين أدواتٍ في أيدي أمراء الطوائف..

فمن أجل الوقوف بوجه الفتنة التي باتت تشكل القنبلة الموقوتة القادرة على إلغاء الوطن، نأمل فخامة الرئيس أن تعملوا على تعطيل الانفجار وإعادة الأمن والطمأنينة إلى نفوس المواطنين..

صاحب الفخامة..

اضربه حديداً حامياً اليوم ـ والكل سكران بنشوة الانتصار ـ قبل أن تهدأ "النشوة" وتصعب معها المهمة..

بحر من الظلام..

2009/5/3

مع اقتراب موعد الانتخابات النيابية في لبنان، المقرر إجراؤها في السابع من شهر حزيران 2009 أي بعد شهر واحد من تاريخه، يتسابق الفريقان من أهل السياسة ـ 14 آذار و8 آذار ـ في خطاباتهم وابتكاراتهم لسلب عقول وقلوب الناخبين ونيل تأييدهم يوم الاقتراع. واللافت للنظر هذه المرة أن الخطابين السياسيين قد اقتربا من بعضهما البعض إلى مسافة انعدمت معها أحياناً حدة التناقضات وشدة الخلافات التي كانت في أحسن حالاتها تؤدي إلى التهديد والتكفير والتخوين وفي جميع حالاتها تُدخل أمن واستقرار المواطن إلى دائرة الخطر..

وكأني بمن كان يسمع التحديات التي كانت تطلق من هنا وهناك وكانت تُدخل البلاد في الرعب والارباك، يقف مدهوشاً ومشدوداً لما يسمع ويحصل في مسلسل الانتخابات النيابية الذي قارب الحلقات الأخيرة منه، حيث تحولت التشنجات والمهاترات إلى بعض المرونة والتسامح وباتت "شهامة" كل منهم تسمح بالتحالفات الثنائية أو التنازل عن مقعد أو أكثر لصالح الخصم. وقد أخذت هذه "المواربات" أشكالاً مختلفة وتوزعت الآراء بين مؤيد ورافض أو مستهجن، ومع هذا لم تتضح الصورة بعد: لقد اختلطت الأوراق وتلعثمت الخطابات وصار يلزم لكل تصريح من يفسّر أو من يبصّر أو ربما من ينجّم.. كل هذا على حساب أمن واستقرار المواطن.. وإذا ما عرضنا لبعض الوقائع في لبنان، نرى بوضوح

كيف تتعايش التناقضات في هذه البلد العجيب الغريب، تماماً كما تتعايش الطوائف والمذاهب.

1 - في التسمية: خلال أيام القطيعة بين فريقي السياسة في لبنان، كان يسمى فريق 14 آذار بالأكثرية النيابية الموالية للدولة بينما كان يسمى فريق 8 آذار بالأقلية المعارضة للدولة. ولما "زال المكروه" وتألفت حكومة ما يسمى بـ "الوحدة الوطنية" وأصبح يشارك الجميع في حكومة واحدة وفي كنف الدولة الواحدة، لم تتغير التسمية، فظل الحال على ما هو وبقي 14 آذار يرمز إلى الأكثرية الموالية و8 آذار إلى الأقلية المعارضة مع فارق صغير (كبير) وهو أن فريق المعارضة قد حسم أمره عسكرياً في السابع من أيار 2008 وقد أصبح "الأقوى" بالرغم من أنه "الأقلية".

2 - في الخطاب السياسي: هناك إجماع بين أهل السياسة أن بلداً صغيراً كلبنان لا يمكنه إلا أن يكون تابعاً للخارج أياً كان هذا الخارج إقليمياً أو دولياً. وقد لا تؤثر هذه التبعية على قرارات مصيرية ربما، إلا أنه من المؤكد فهو لا يستطيع أن يكون حراً مستقلاً كما تقول الخطابات. وهنا، على ساحة هذا الوطن الصغير، تلعب المصالح الدولية دورها وتسخر القوى الداخلية لأغراضها ورغباتها. ومع أن الفريقين السياسيين في لبنان يعرفان هذه الحقيقة ويعملان بملء إرادتيهما لتنفيذ رغبات الخارج وتحقيق مصالحه، إلا أنهما يعملان على استفزاز واتهام بعضهما البعض لإثارة حساسية وإعجاب جمهور المشاهدين من المواطنين والناخبين، وكأن فيما يأتيه أحدهم "الخيانة العظمى"، وفيما يأتيه الآخر "البطولة القاهرة".

3 - في القيم والحريات: يحكى عن لبنان أنه وطن التعددية الحضارية والحريات في محيط عربي يعيش على القمع والارهاب، وأنه كان السباق إلى نشر الفكر والثقافة في العالم. كما

وأنه يحمل في تاريخه ما يزيد عن ستة آلاف سنة حضارة، من العمران والاكتشاف والابحار والتجارة والصناعة إلخ.. ففي هذا الادعاء يتساوى الفريقان السياسيان في لبنان ولم ولن تحاول أية جهة خارجية، أجنبية كانت أم عربية، أن توقف أحدهما عن هذا الادعاء لأن فيه من السخافة ما يكفي لغض النظر عنه. وجل ما ترغب فيه الارادة الأجنبية هو أن يتلهى المواطنون بما شاؤوا شرط ألا يكون هناك ما يهدد أو يؤخر مشروعها الاستعماري... أما الحرية التي تعتبر "توأم لبنان" أو "الرئة" التي يتنفس منها اللبنانيون، فهي كلام فارغ من كل مضمون.. هل نتحدث هنا عن الحرية التي تقف عند حرية الآخرين أم أننا نعني قتل الآخرين الذين لا يوافقون على حريتنا؟ هل نتكلم عن حرية الرأي والتعبير مع احترام الرأي الآخر أم أننا نقصد لعن الرأي الآخر وتهديد من يخالفنا الرأي؟ هل نعني بالحرية المطالبة بالحقوق الضائعة عملاً بمبدأ العدالة والمساواة أم السكوت خوفاً من عقاب الأوصياء؟

وللجواب على هذه التساؤلات، فإننا نحيلكم إلى ملفات الحرب اللبنانية التي بدأت عام 1975 ولم تنته فصولها بعد وإن كان يحاول البعض إقناعنا أنها أصبحت من "التاريخ".. فمن قمع وإذلال إلى اغتصاب وتعذيب وقتل وتشريد، إلى الخيانة والسرقة والاحتيال وما شئت من أشكال الرذيلة، كل هذا كان يمارس خلال الحرب اللبنانية وقد كلف لبنان ما يزيد على المئة ألف من القتلى ما عدا الجرحى والمعوقين، أضف إلى ذلك سلسلة الاغتيالات والتفجيرات التي طاولت العديد من المجاهرين بالحرية بين عامي 2005 و2008، وكل هذا باسم الحرية والحضارة اللتين ندعيهما. فأين لبنان من محيطه "الجاهل" الذي لا يملك تراثاً كتراثنا وحضارةً كحضارتنا أو حريةً كحريتنا. ربما نسمح لأهل "المحيط الجاهل" أن يبدوا آراءهم ولكن عليهم أن ينتظروا قليلاً لكي يمروا بالتجربة

اللبنانية أي تجربة الحرب الأهلية، ويقوموا بما قمنا به من وحي حضارة الستة آلاف سنة، وبعد أن يتعدى عدد قتلاهم المئة ألف..

4 - في النظام السياسي: وهنا يكمن بيت القصيد. يتسابق السياسيون للعمل على ما يحفظ النظام السياسي القائم في لبنان الذي يقوم على الطائفية والتوزيع المذهبي لأن عملاً كهذا يرضي جميع الأفرقاء. وليس من مصلحة أحد أن يُلغى الآخر لأنه مع سقوط الواحد تسقط المعادلة ويتعثر النظام. ويخطىء من يعتقد أن الارادة الأجنبية تعمل لصالح واحد دون الآخر أو أنها تحاول خرق الصف الوطني لإحداث خلل في النظام. لا بل على العكس من ذلك، فإن أخفق اللبنانيون في إعادة التوازن فإن القوى الخارجية تمد يد العون وتدخل من أي باب لتقديم المساعدة وإعادة المعادلة إلى نصابها لأن ما يهمها هو الابقاء على النظام الطائفي الذي يكفل إقصاء الشعب عن السيادة الوطنية والقرار الحر.

يعيش المواطن في لبنان هذه الأيام لحظات من القلق والاضطراب متوهماً كما قيل له أن انتخابات اليوم هي الوقوف بين خيارين: الدولة بسيادتها وجميع أجهزتها أو الدويلات والعودة إلى الوصاية، فأيهما يختار؟ فإذا اتجه خياره إلى قوى المعارضة، فهل صحيح أنه وراء مشروع وصاية جديد؟ وإذا اتجه خياره إلى الدولة والسيادة الوطنية كما يسوقون، فهل من يضمن أن قوى 14 آذار قادرة على تنفيذ برنامجها بمعزل عن قوى 8 آذار ومشهد 7 أيار لا يزال ماثلاً أمام أعيننا حيث برهنت المعارضة على أنها الأقوى بالرغم من أنها "الأقلية" واستطاعت فيما بعد أن ترغم الأكثرية على الدخول معها في حكومة "وحدة وطنية"؟

رئيس توافقي حتى إشعار آخر..

2009/6/24

بعد التوقيع على اتفاق الدوحة الذي يفترض أن يكون قد وضع حداً للأزمة السياسية اللبنانية والعنف الذي نجم عنها وتمثل في اجتياح بيروت والمناطق قبيل الدوحة بأيام، تنفس اللبنانيون الصعداء وعاد إلى نفوسهم بعض التفاؤل وعاد الجميع إلى ترديد ذات الموال الكلاسيكي (ميزة اللبناني بأنه ينسى بسرعة ولا يحقد.. اللبناني كطائر الفينيق لا يسقط، بل ينفض عنه الغبار ويستعيد الطيران.. لبنان غنيّ بتنوعه ولا يحكم إلا بالتوافق..) إلى آخر هذه المعزوفة السخيفة التي يستخدمها أهل السياسة في كل مناسبة، عن سابق تصور وتصميم، لتخدير الحس الوطني المتنامي وتذكير المواطن بضرورة الاقلاع عن كل المعادلات التي تخرج عن "الصيغة اللبنانية المألوفة" والرجوع إلى قواعد "التوافقية الطائفية" وطرح الحلول على أساسها.

ومن مظاهر الانفراج بعد الدوحة بساعات قليلة، كانت إزالة خيم الاعتصام من وسط بيروت (بقدرة قادر) وإزالة السواتر الترابية التي كانت قد أقيمت قبل أيام. كما أقيمت ورش التنظيفات في المجلس النيابي وقصر بعبدا تمهيداً لعودة "أبطال" السياسة إليهما وتسلم العماد ميشال سليمان مقاليد الجمهورية، هذه الجمهورية التي انتظرته طويلاً كرئيس توافقي "حتى إشعار آخر".. وهذا النوع من الرؤساء (أي التوافقي) لا وجود له إلا في القاموس السياسي اللبناني. ولبنان، كما يعلم الجميع، هو بلد "الابداع والابتكار" وأضف ما شئت: لبنان الرسالة، لبنان الحضارة، لبنان

التعددية، لبنان الصيغة، لبنان الحروف الأبجدية والاكتشافات العلمية والفنون الشعبية.. إلى ما شاء الله..

والسؤال الذي يطرح نفسه اليوم وبعد مضي أكثر من شهر على تولي العماد سليمان لرئاسة الجمهورية: هل استطاع الرئيس أن يحقق شيئاً (ولو جزئياً) من اتفاق الدوحة الذي يعتبر المفتاح - الحل لكل الاشكالات السياسية العالقة والتي عطلت البلد وجوّعت أهله على مدى سنوات طويلة..؟ وليكن واضحاً أن الأزمة الاقتصادية في لبنان آخذة بالتفاقم وتهدد كثيرين من المواطنين الذين لا حول لهم ولا قوة سوى التعلق بالوعود والعهود و"الوجوه والعتاب".. وإنني لأجزم بدون تردد أن هؤلاء هم ضحية إجرام أهل السياسة الذين لا همّ لهم سوى المكاسب والمغانم على حساب حقوق وكرامة الفقراء المستضعفين..
الجواب هو طبعاً بالنفي! لم يحقق الرئيس شيئاً ولن يحقق شيئاً في ظل المفهوم السائد الذي ينتهجه السياسيون في لبنان. ويمكن القول أن جل ما نفذ من اتفاق الدوحة هو انتخاب الرئيس التوافقي فقط، وكان هذا هو البند الأول من الاتفاق. وكأني بالأفرقاء السياسيين الذين التقوا في الدوحة بحضور "العرابين" العرب والأجانب قد سارعوا - بالرضى أو الإكراه - إلى ملء الفراغ في سدة الرئاسة الأولى لضمان "حق المسيحيين"، خوفاً من أن تتأثر المناصب الأخرى في الدولة فتهتز بالتالي "مناصب المسلمين" وتسقط بالتالي جمهورية "الميثاق الوطني" و"صيغة العيش المشترك"..
- فقد أشار الاتفاق إلى تشكيل حكومة وحدة وطنية من 30 وزيراً وعين حصة كل فريق فيها، كما حدد الإطار الاصلاحي لقانون الانتخابات على أن تتم مناقشته في مجلس النواب. فلا الحكومة أبصرت النور ولا قانون الانتخابات، وكأن الشيطان يسرح ويمرح في التفاصيل حتى وصلنا إلى الطريق المسدود..

ـ نص الاتفاق على حظر اللجوء إلى السلاح أو العنف أياً كان سبب الخلاف وحصر السلطة الأمنية والعسكرية بيد الدولة لما فيه من تطبيق للقانون واحترام لسيادة الدولة على سائر الأراضي اللبنانية. فهل ما نشهده من اختراقات وانتكاسات وتعديات في إطار فتنة متنقلة بين المناطق اللبنانية يجسد ما يهدف إليه نص الاتفاق..؟

ـ كما أكد الاتفاق على الالتزام بوقف لغة التخوين والتحريض بين القيادات السياسية. ومن الملاحظ أن البند هذا لم يصمد إلا ساعات قليلة ذلك أن الطبع في سياسيينا قد غلب التطبع!!

باختصار نقول: إن كل ما أنتجه اتفاق الدوحة، هو الحفاظ على التركيبة الطائفية وتعزيزها بالاسم وإن كانت مفرغة من كل مضمون. وهذا يعني برأينا أن يكون لبنان مرشحاً من جديد لأزمة قد تكون من نوع أخطر من سابقتها..! والأغرب من كل هذا أن ينتقد الجميع "طوائفية" النظام بالأقوال في وقت يغزّونه بكل ما يأتونه من أفعال. وهكذا يستمر الشذوذ وتبعد المسافات.. فالحاصل على الساحة السياسية لهو خير دليل على نفاذ كل المحاولات التقليدية البالية التي أدت إلى ما نحن عليه من توتر واضطراب. فإن لم يحسم الرئيس أمره لتنفيذ "خطاب القسم" ويضرب بيد من حديد اليوم، وهو لا يزال على مسافة قصيرة من التسوية التي جاءت به إلى قصر بعبدا، فستقتصر مهامه على استقبالات القصر رئيساً توافقياً حتى إشعار آخر..

من أجل خطاب وطني موحد

2009/7/2

كنا قد أشرنا في العدد الماضي من "الجالية" الذي تزامن صدوره مع تكليف الشيخ سعد الحريري تأليف الوزارة الجديدة في لبنان، إلى أن التكليف لم يكن صدفة بل تعميقاً للعبة الديمقراطية (اللبنانية) إذ جاء نتيجة لاستشارات نيابية موسعة وانتخابات عامة اتسمت بالديمقراطية والشفافية، وبالتالي فمن غير المنطق أن تكون رئاسة الحكومة لغير سعد الحريري. إلا أننا أضفنا بأن الجو ليس بالصفاء الذي يسمح لأن تكون ولادة الحكومة طبيعية، وكأن بوادر أزمة وزارية تلوح في الأفق. وبالطبع لم نعتمد في ذلك على الرغبة في التنبؤ أو التنجيم أو التشاؤم، كما قال لنا البعض، وإنما على الواقع الحسي والقراءة الدقيقة لمجريات الأمور على الساحة الداخلية والمستجدات على الساحتين الاقليمية والدولية.

ففي الداخل فازت قوى 14 آذار، التي ينتمي إليها الرئيس المكلف وكتلته النيابية العريضة، بالأكثرية النيابية. وبدلاً من أن يعمل الحريري على تشكيلة وزارية يحدد أعضاءها مع حلفائه، راح يمد اليد لتأليف حكومة "وحدة وطنية" مع سائر الأفرقاء السياسيين، وقد أدلى بتصريح واضح على أثر التكليف مفاده أنه سيتقيد بما قرره مع حلفائه بالنسبة لرفض الثلث الضامن في حال طرحته قوى 8 آذار. وبالمقابل سمعنا تعليقات جميع الأفرقاء حول هذا التصريح ولمسنا المعارضة الشديدة من طرفين رئيسيين هما حزب الله والتيار الوطني الحر وتأكيدهما على ضرورة أن تتضمن الحكومة الثلث المعطل أو الضامن للمعارضة. ويضاف

إلى هذين الاعتراضين اعتراض آخر للوزير السابق سليمان فرنجية الذي صرح يوم أمس بالذات بعد لقاء المصالحة مع الرئيس أمين الجميل ما حرفيته (نقلاً عن جريدة النهار اللبنانية): "ما نشهده حاليا تحدثنا عنه منذ بداية الطريق في عملية تأليف الحكومة، وهو ان المعارضة لن تسير دون الثلث الضامن. بعضهم فسر كلامنا بداية اننا نغرد خارج السرب ولكن الجميع وصلوا الى النتيجة نفسها. وقلنا بشكل او آخر، نريد كمعارضة الثلث الضامن وليست المشكلة كيف نأخذه بل المهم ان الوزير الحادي عشر يجب ان يحظى بموافقة المعارضة أو أن تكون المعارضة قد اختارته."
ومن أجل إتمام عملية التأليف ومباركتها من الجميع، قامت في البلاد، قبل التكليف وبعده، مبادرات ولقاءات ومصالحات من هنا وهناك شرب جميع المستفيدين خلالها نخب "عفا الله عما مضى" و "لا غالب ولا مغلوب" وبدت على وجوه أعداء الأمس المتصالحين (من أجل لبنان)، الارتياح الكامل ونشوة "التفاؤل" وابتسامات "الانتصار على الشعب العنيد"..
وعلى الساحة الاقليمية كذلك، فكأن المشهد يتشابه أو يتكرر. فالاتصالات جارية على قدم وساق: بين السعودية وسورية، بين سورية ومصر ـ بوساطة وبغير وساطة ـ وكأن عمليات المصالحة المنتظرة لم تنضج بعد، والجميع مشغول في التحضير للدور الجديد الذي أوجبته زيارة أوباما إلى المنطقة حيث وضع على الطاولة النقاط العريضة للمرحلة دون الدخول بالتفاصيل. وفي هذا الوقت الذي تعثرت فيه الخطوات العربية، كانت إيران مشغولة هي الأخرى بتهديدات أمنية في الداخل بالاضافة إلى التهديدات الاسرائيلية المتكررة وكأن فيما يحصل نوعاً من الضغط عليها للاستجابة إلى المطالب الأميركية وتسوية نزاعها مع واشنطن. هذه وكثير غيرها من المستجدات التي تراوح مكانها وتحتاج إلى

قرارات واضحة وحاسمة، جعلت الحكومة اللبنانية على درجة متدنية في سلم الأولويات، فتأخر التأليف.

أما على الساحة الدولية، فينصب الاهتمام حالياً حول الأزمة المالية والتدهور الاقتصادي الذي أصاب العالم من جرائها، فتعمل الدول الكبيرة، الأميركية والأوروبية والآسيوية، على لقاءات ومحاولات مستمرة لوضع برامج جديدة موضع التنفيذ، للخروج من الوضع الراهن المأزوم وإعادة الاستقرار إلى الأسواق المالية المتضررة.
هذه الأسباب، وكثير غيرها، جعلتنا نعتقد بأن الأزمة الوزارية لا بد قائمة والبرهان هو أنه طالت مرحلة المخاض ولم تر الحكومة النور بعد. وعندما أشرنا إلى الصعوبة في تأليف الحكومة، لم يكن ذلك بدافع التشاؤم وإنما اعتمدنا على قراءة الواقع والمستجدات كما هي دون زيادة أو نقصان. وهذا دليل آخر على أن لبنان، مهما ادعينا بحريته وسيادته، سيبقى مرتبطاً بما يدور من حوله بإرادة أو بغير إرادة، وإن فكرة عزله أو انعزاله عن محيطه الطبيعي لن يزيده إلا تراجعاً وتقهقراً. فمتى توحدت قراءتنا للأحداث، يتوحد خطابنا الوطني..

جاءنا منذ قليل، أنه توصل الرئيس المكلف سعد الحريري إلى اتفاق على صيغة الحكومة الجديدة من غير أن تحصل المعارضة على الثلث الضامن. وأن هناك حرصا شديدا على تشكيل الحكومة هذا الأسبوع قبل الأول من آب والذي يتزامن مع يوم الجيش اللبناني.. عله خير وإلى اللقاء..!

لبنان تحت المجهر الأميركي..

2010/2/19

تصلنا الأخبار الوافدة من بيروت أن البلد ـ لبنان ـ الذي كان في الأمس القريب غارقاً في بحر الكوابيس والظلمات والخوف والتفجيرات، قد خرج نهائياً من محنته، بسحر ساحر وفضل "المتصالحين ـ المتخاصمين" من رموز طوائفه، إلى فضاء النور والحرية، في السياسة والأمن والاقتصاد والتجارة والسياحة، مما جعل الاقبال عليه والطلب على الاستثمارات فيه عالياً.. وإن كنتم لا تصدقوّن فاسألوا السماسرة والدلالين العقاريين كيف ارتفعت أسعار العقارات أضعافاً بين ليلة وضحاها. وإن دلّ هذا على شيء فعلى "البحبوحة والهناء والعيش الرغيد"..

والسؤال الذي يطرح نفسه، ماذا فعلت حكومة "الوحدة الوطنية"، بل ماذا فعل رئيس الجمهورية "التوافقي" حتى أصبح البلد على ما هو عليه من الأمن والاستقرار وراحة البال. برأينا لم يقدم أحد على فعل شيء في هذا المجال لأن الدولة اللبنانية تعيش الفراغ بكل شخصياتها ومؤسساتها وأجهزتها إلى حدٍ يصعب علينا تحديد من يقف وراء عجلتها لنتبين إذا كان يدفع بها إلى الأمام أو يشدّها إلى الوراء، من يزورها في الصبح ومن يغادرها في المساء، من يوفر لها الحماية ويجعل من مواطنيها يطمئنون إلى غدهم ومستقبل أولادهم.. إننا نرجّح أحد أمرين: فإما أن المواطن في لبنان قد ضاق ذرعاً بالشؤم والتردد والخوف وراح يفتش عما يبعث إلى نفسه الراحة والهناء وكان

ما نشاهده اليوم تزويراً مصطنعاً للواقع، وإما أن الدولة، بما فيها من أجهزة ومؤسسات رسمية وأهلية، تسير في إرباك وانحدار باتجاه المجهول لأنها، على ما يبدو، آخر من يعلم..

إن الذي حدا بنا إلى هذا التساؤل ما كتبته جريدة السفير مؤخراً تحت عنوان " معلومات خطيرة تضعها "السفير" أمام رئيس الجمهورية والحكومة والمجلس النيابي.." إذ تقول: في الأول من نيسان، وهذه ليست "كذبة نيسان"، من العام 2009، يصل موظف من السفارة الأميركية إلى مكتب رئيس قسم المباحث الجنائية في المقر العام لقيادة قوى الأمن الداخلي، ويسلمه رسالة تطلب فيها السفارة الأميركية في بيروت تزويدها بمعلومات، ضمن استمارات مطبوعة، حول محطات شبكتي الخلوي وحدود انتشارها بالاضافة إلى تفاصيل تقنية دقيقة تتعلق بقطاع الاتصالات..

ماذا يعني الطلب الأميركي على المستوى السيادي؟
يجيب ضابط لبناني كبير بالقول لـ"السفير": أولا، قدرة التنصت على المكالمات الخلوية. ثانيا، تعطيل الاتصالات. ثالثا، التشويش في نقطة محددة. رابعا، تحديد موقع أي هاتف خلوي على الأرض اللبنانية. خامسا، القدرة على تدمير الشبكات من خلال امتلاك "الداتا"، وهو أمر أقدم عليه الاسرائيليون في السابق. إن السماء اللبنانية مكشوفة ويسرح فيها الطيران الحربي الاسرائيلي. وبحر لبنان مكشوف، وخير دليل وقائع واعترافات الشبكات الاسرائيلية. كذلك البر اللبناني مكشوف أيضا.. والدليل عشرات الشبكات الاسرائيلية أو الارهابية التي كانت تخطط لأعمال ضد المقاومة أو ضد "اليونيفيل" أو الجيش اللبناني ومؤسسات لبنانية.

السيارات الأميركية، التي تدخل إلى حرم المطار، وصولا إلى سلم الطائرة. وما يسري على المطار، يسري على المروحيات

الأميركية التي تصل من مطارات قبرص أو بعض السفن الأميركية قبالة لبنان، إلى مهبط مروحيات السفارة الأميركية في عوكر مباشرة، وهو أمر يكاد يصبح بعد حين متعذرا في العراق نفسه، بينما تشرعه الدولة اللبنانية دون حسيب أو رقيب..؟
لا تقتصر المسؤولية في الاجابة على هذه الأسئلة على مسؤول أو جهة بعينها (تتابع السفير)، فهناك مسؤولية رئيس الجمهورية العماد ميشال سليمان، بوصفه المؤتمن على سلامة اللبنانيين وهناك مسؤولية مجلس الوزراء مجتمعا، ورئيسه خصوصا، عبر وضع ضوابط ومعايير تنهي حالة الفلتان، خصوصا على مستوى الوزارات والمؤسسات "المتخاصمة" مع بعضها البعض.

هذه الواقعة ـ الفضيحة التي تكشفها "السفير" أمام الرأي العام اللبناني، ليست سوى نموذج، وإذا تم التدقيق أكثر فأكثر، لأمكن العثور على عشرات الأمثلة، والمحصلة واحدة: إننا تحت المجهر الأميركي والسفارة تتنصت على كل لبنان. لبنان مكشوف بنظام أمني يفتقد للضوابط الوطنية، وبنظام سياسي يجعل المواطنين اللبنانيين، بحكم الرعايات الطائفية، رعايا وجاليات عند "الخارج".. وربما الآتي أعظم..!!

إلغاء الطائفية السياسية مع وقف التنفيذ..

2011/2/28

قام يوم الأحد الماضي شباب علمانيون ينتمون إلى المجتمع المدني، بتظاهرة في شوارع العاصمة بيروت، ضمت بضعة آلاف من الشبان والصبايا حملوا شعارات التغيير الجذري وفي طليعتها "إسقاط النظام الطائفي في لبنان". والجدير بالذكر أن اللقاءات بين هؤلاء الشبان لم تتم فعلياً على الأرض بالشكل المعروف، وإنما بواسطة البريد الالكتروني و"الفيس بوك". وكذلك لم يكن القاسم المشترك بينهم الانتماء الطائفي أو الحزبي، وإنما المواطنة على أساس العدل والمساواة، تجمع بينهم رغبة "النهوض بالوطن على أسس جديدة"، على حد تعبير أحدهم..

إنها بارقة الأمل التي تطلع من رحم الآلام والأزمات المتلاحقة لتبشر بولادة مشروع جديد قد تنضج ثماره إذا ما تسنى له الرعاية الجدية والسعي المستمر. ولكن ما ينغص هذا الشعور بالأمل الطالع، هو ما قرأناه في الصحف الصادرة بتاريخ 28 شباط، أي اليوم التالي للمظاهرة، حيث جاء بأنه لقيت المبادرة "الفايسبوكية" عصياً في دواليبها منذ اليوم الأول كما انتشرت آراء سخفت الفكرة والمجموعات التي طرحتها ووصفتها بالبعيدة عن أرض الواقع..

ومن التعليقات التي سمعناها حول هذه التظاهرات العلمانية ما أورده النائب وليد جنبلاط في حديث تلفزيوني لقناة "فرانس 24"، حيث أشار الى ان اتفاق الطائف نصّ على آلية لإلغاء الطائفية السياسية تبدأ من خلال تشكيل الهيئة الوطنية برئاسة رئيس الجمهورية. ورأى "أن استمرار النظام السياسي الراهن بعقمه وفشله سيّولد الأزمات السياسية المتلاحقة بصورة متواصلة وهذا ما نشهده منذ عقود وعقود، وهو يصبح أكثر تعقيداً مع تداخل العوامل الخارجية". وتابع جنبلاط مشدداً على "ضرورة الانتقال من الواقع القائم الى واقع جديد تكون فيه الكفاءة معياراً لا المحسوبية، ويكون فيه الالتزام سبيلاً لقيام الدولة الجديدة وليس الاستزلام".

كما سمعنا تعليقاً جاء على لسان وزير الداخلية زياد بارود مفاده أنه يبارك هذه التظاهرات الهادفة إلى إسقاط النظام الطائفي في لبنان وأنه لكان في صفوف الآلاف المتظاهرة لو لم يكن عضواً في الحكومة الحالية. قد يكون هذا لسان حال كثيرين من أهل السياسة في لبنان من زعماء للطوائف والأحزاب والكتل وغيرها، ولكن مثل هذه التصريحات لا تشفي غليل الطامحين إلى التغيير ولا هي الآلية القادرة على إنقاذ لبنان من براثن التبعية والفساد.

لن نذهب بعيداً لمناقشة ما صدر عن النائب جنبلاط وما يصدر عن غيره من السياسيين من تصريحات وخطابات.. نعلم تماماً أن اتفاق الطائف نص على إلغاء الطائفية السياسية في مرحلة متقدمة لكنه اعتمد آلية غير ممكنة التطبيق، تماماً كما جاء في ميثاق 1943 من قبل. وفي قول الوزير زياد بارود، ما يدعونا للسؤال والتساؤل: هل أجبر الوزير على المشاركة في حكومة النظام الطائفي الذي يعاني منه ويطلب إسقاطه؟ وماذا كان ليحصل لو رفض الاشتراك وتابع نضاله إلى جانب العلمانيين..؟ بكل أسف

نقول لمعاليه (الذي نقدر ونحترم وربما قد أثر فيه بعض النظام)، إن الشعب لم يعد أداة للسخرية والاستغباء وقد اصبحت مكشوفة لديه جميع النوايا والأساليب المعتمدة من الأوصياء عليه والأولياء على مستقبل أبنائه.

لا شك في أن غالبية الشعب اللبناني تعيش اليوم أجواء حلم طالما داعب قناعاتها وطموحاتها.. الحلم بإسقاط النظام الطائفي الذي لا يحتاج إلى تحليلات وبراهين للاشارة إلى مساوئه وعقمه في إقامة العدل والمساواة بين المواطنين، فكيف بإدارة شؤون الدولة ورعاية الأمن والنظام العامين.. هذا النظام الذي يشترك لحمايته في لبنان رجال الدين والاقطاع ورأس المال وكأن بين الجهات الثلاث عقداً إجتماعياً لتقاسم المغانم على حساب الشعب..

ففي مراجعة لحركة إسقاط النظام الطائفي، نتبين بلا شك أنها جاءت تأثراً بقيام الحركات الشبابية والثورات الشعبية في باقي الدول العربية التي تعاني مما يعانيه لبنان من شوق للحرية والديمقراطية وضمانة لكرامة الانسان.. وقد ضمت شعارات الحركة، المطالبة بتحقيق المواطنة المتساوية وتعميم العلمانية في جميع المرافق العامة والمشاركة السياسية في تقرير مصير البلاد في مختلف المجالات.

وفي هذا الاطار كتب كثيرون من المنظرين "المحترفين" في لبنان وجاءت تحليلاتهم متضاربة إذ يستخف البعض بهذا التحرك ويرون فيه نوعاً من "فشة الخلق" من غير أن يدخلوا إلى أعماقه. ذلك أنهم يرددون ما كان يقوله آباؤهم أو أجدادهم من أن لبنان لا يحكم بغير التوافق بين طوائفه في "ترويج للوصاية الخارجية". وهذا المنطق كان قد أوجده المستعمر الذي تسلط على بلادنا من خلال رجال الدين والاقطاع لما كان لهؤلاء من نفوذ على العامة من أبناء الشعب.

أما البعض الآخر فراح يطمئن المنتفضين على أن لبنان كان السباق في التأكيد على الدولة المدنية وعلى سائر مندرجات الحوار والتنوع في إطار الشراكة الوطنية. وإذا كان يمر لبنان اليوم بأزمة سياسية واجتماعية، فإنها سحابة صيف لا بد لها من أن تعبر ويعود لبنان إلى صفائه ودوره التاريخي في المنطقة والعالم. وأصحاب هذا الرأي هم من جماعة "الرومانسيين" الذين صدقوا ما كان يقال عن لبنان، أنه بلد التنوع الحضاري الذي يفخر بالتعددية وقبول الرأي الآخر. وبالرغم من هذه الكذبة التي باتت مكشوفة، راح هؤلاء يسوقون لها لدى الشباب المنتفض في محاولة يائسة لإخماد صوته وثورته..

وكان لبعض السياسيين موقف مما يجري في الشارع، في ظاهره مؤيد لدعوات إسقاط النظام وفي باطنه محاولة للالتفاف على الانتفاضة والمنتفضين. وهذه الطرافة يشترك فيها أهل السياسة في لبنان مع زملائهم في أي بلد عربي. فلقد لقنهم "الوصي" على مر العصور والدهور، كيف يحكم القيد على رقاب الشعوب..

إن إسقاط النظام الطائفي في لبنان، يعني إسقاط النظام السياسي ومعه أهل النظام الذين تعاملوا أو يتعاملون معه، من رؤساء ووزراء ونواب وموظفين ومتعاقدين وإلخ.. رب قائل يقول كيف هذا والكثير من السياسيين قد رحبوا بالانتفاضة وشجعوا على المضي قدماً حتى تحقيق المطالب..؟ أعتقد أن ما ورد أعلاه يعطي الاجابة على هذا التساؤل. وكنا نتمنى أن يقرن الذين رحبوا بالحركة الشعبية أقوالهم بالأفعال.. بحيث يستقيلون من مناصبهم "النظامية" نهائياً ويعلنون التحاقهم بالمنتفضين المتظاهرين.. إن شوارع بيروت تتسع لهم جميعاً..

بين التكليف والتأليف.. قراءات بغير محلها!

2011/4/25

منذ مدة قاربت الأربعة أشهر واللبنانيون يعيشون في دوامة من الترقب والخوف بانتظار استكمال المشاورات والمراجعات وربما "الايحاءات" و"الاملاءات" اللازمة من أجل ولادة الحكومة العتيدة التي تترافق كالعادة مع التجاذبات والاتهامات والتكذيب والتكاذب بين أفرقاء السياسة اللبنانية الذين لم يملوا بعد أو "يقرفوا" من تكرار ذاتهم. ومنذ اليوم الأول لتكليفه، يعمل الرئيس نجيب ميقاتي على تدوير الزوايا ـ بحسب لغة السياسة والصحافة في لبنان ـ ولكن يبدو حتى الساعة أن الزوايا لا تزال صلبة و"مجنزرة"، وقد يلزمها مرور بعض الأشهر الاضافية كي تلين ليتمكن الرئيس المكلف من فك عقدها وتدويرها..

والغريب في الأمر أن الذين يطالعوننا بالتحليلات "الموضوعية" للأحداث والمستجدات السياسية، لا ينظرون في قراءاتهم إلى الصورة الكبيرة بل دائماً إلى الصورة الصغيرة الضيقة، بحيث تنحصر تحليلاتهم بما يمليه قصر النظر (والغايات الشخصية أحياناً) الذي يقوم أصلاً على مبدأ التراشق بين الأفرقاء السياسيين للنيل من بعضهم البعض، وليس للوقوف على أصل الداء أو الأسباب التي أدت إلى الحالة موضوع التحليل. وقد يكون ذلك عن

قصد أو غير قصد إلا أنه في كلتا الحالتين لا يمكن أن نخرجه من دائرة الخطأ الذي ينعكس سلباً وخطورة على حالة البلد بشكل عام.

وفي هذه المرحلة التي يمر بها لبنان، بين حكومة تصريف للأعمال لا تعمل، وحكومة إجرائية قد يطول التعثر في تأليفها، نسمع أهل السياسة من كل صوب (إلى أي يوم من أيام آذار انتموا) وقد ملوا الانتظار، يحذرون من مغبة التأخير في التأليف وخاصة أن البلد يعيش مجموعة استحقاقات محلية وإقليمية ودولية لا يمكن تجاهلها ورفض التعامل معها كما لا يمكن التغاضي عنها بحجة عدم وجود حكومة شرعية مسؤولة. ويؤكدون في خلاصة مداخلاتهم على ضرورة تأليف الحكومة أيا كانت الأسباب المعطلة إذ لا يجوز القبول والاستمرار بهذه الحالة الشاذة..

وفي كل مرة يجري التلفزيون حواراً سياسياً حول موضوع الحكومة العتيدة، نستمع إلى نظريات وحكم وتوصيات لحل المشكلة العالقة من قبل ضيوف البرنامج مع التمني على الرئيس ميقاتي بالاستعجال في تأليف الحكومة. وفي البداية، كما يعلم الجميع، كانت المشكلة في تكليف الرئيس ميقاتي نفسه الذي اعتبره فريق 14 آذار انقلاباً على الدستور والديمقراطية التوافقية، بينما اعتبره فريق 8 آذار تحالفاً سياسياً غيّر في المعادلة السياسية وخلق أكثرية جديدة. ومن هنا بدأت تتفاقم المشكلة وقيل عنها الكثير وتعددت الآراء حتى بات أمر تشكيل الحكومة بحد ذاته موضع شك. ومع هذا لم يأتِ أحد من المسؤولين على ذكر الإيحاءات الخارجية، الاقليمية والدولية، التي قد تكون السبب الرئيسي في تعطيل التأليف. الواقع هو لو أننا نعالج المشكلة التي تواجهنا بصراحة دون لف ودوران، ربما يسهل علينا إيجاد الحلول المناسبة أو الاقتراب من الحلول على الأقل بدلاً من أن

نطلق الأضاليل ونضيف إلى مشكلتنا الأساسية المشاكل الجانبية التي تزيد في الشرخ القائم بيننا..

قيل أن المشكلة هي في الخلاف على وزارة الداخلية.. ثم قيل إنها في عدد أعضاء الحكومة.. حكومة من لون واحد، حكومة تكنوقراط، خلاف مع رئيس الجمهورية.. وإلى ما هنالك من عناوين. ولم يذكروا شيئاً مما يحدث في المنطقة التي تحيط بلبنان وفي سورية تحديداً وقد يكون هذا سبباً جوهرياً بحد ذاته. وواهم كل من يعتقد بأنه يمكن تأليف حكومة في لبنان بدون الإيحاءات الاقليمية أو الدولية وهذا ليس بالأمر الجديد ذلك أن المصالح الخارجية قد تتقاطع مع المصالح الوطنية وتوجب معها نوعاً من الارتباط العقدي لتحقيق تلك المصالح. وقد يختلف الناس على تسمية هذا النوع من الارتباط إلا أنه قائم ومعمول به مذ نشأة لبنان ولا يمكن للبنان أستبعاده أو مواجهته وإن كان "حراً سيداً مستقلاً".. فجميع الاستقلالات التي أعطيت لكيانات صغيرة كالكيان اللبناني هي وللأسف، استقلالات فارغة من كل مضمون إستقلالي..

إن الخروج من المأزق الحكومي الذي يتخبط فيه لبنان اليوم، يكمن أولاً في قراءة موضوعية للمشكلة القائمة بعيداً عن الافتراضات والأحكام المسبقة، وثانياً في تصارح أفرقاء آذار مع أنفسهم ومن ثم مع البعض الآخر بحيث يصبحون جميعاً فريق كل آذار.. وفي هذه الحال فقط تعلو السيادة في لبنان ويمكن معها التأليف بعد انتظار دام طويلاً على التكليف..

لإنقاذ الوطن أم للقضاء عليه..؟

2011/6/30

تتفاقم الأزمة السياسية في لبنان يوماً بعد يوم في جو يسوده التشاؤم والاحباط، وقد بات المواطن على استعداد لتقبل أي جديد يطرأ لإنقاذ ما تبقى من الوطن حتى ولو كان هذا الجديد تقسيم الوطن وإجراء الطلاق النهائي بين شركاء الأمس وأفرقائه المتخاصمين. لقد سئم المواطن سماع الخطابات والتصريحات اللاذعة التي تحمل الترهيب والتخوين والتهديد بما هو "أعظم".. أضف إلى ذلك ما تحدثه مثل هذه الممارسات من تداعيات أمنية واقتصادية واجتماعية توقف معها حركة السوق وتجدد الرغبة في نفوس الشباب للهجرة إلى أي مكان في العالم وأياً كانت الشروط. والسؤال البديهي في مثل هذه الحالة: هل نترك الوطن عرضة للتمزق والفوضى ونعمل على جرّه إلى المجهول؟ أم أننا نسعى إلى حل توفيقي (ولو بحده الأدنى) لانقاذه في مشروع يشترك في طرحه ومعالجته الجميع ولخدمة الجميع.. الواقع أن مثل هذه الافتراضات لم يعد لها مكان في لبنان وللأسف، وحدها التحديات والاتهامات باتت في ساحاته سيدة الموقف. أما المواطن، وبالرغم من أنه قد اعتاد على المبارزات التلفزيونية الحادة حيث تعرض العضلات والتجاذبات الكلامية كل يوم، إلا أنه طفح لديه الكيل ولم يعد قادراً على احتمال هذا الانصراف اللامسؤول لمن يفترض بهم أن يكونوا مسؤولين عن عيشه وأمنه واستقراره.

نفهم بأن يكون لكل مسؤول رأيه أو موقفه في السياسة ونفهم بأن يدافع عن ذلك الرأي أو الموقف بكل ما أوتي من حجج وبراهين وبكل ما تسمح به القوانين والأعراف، إلا أن يذهب إلى أبعد من ذلك في التهجم على الآخرين ونعتهم بشتى أنواع النعوت وما ينتج عنه من افتراء وتجنٍ، فهذا خط أحمر وخروج عن المنطق والمعقول إلا إذا كان بقصد الاستفزاز والانقلاب على القوانين والأعراف، وغالباً ما يؤدي مثل هذا إلى إعلان الحرب بين الأفرقاء. وقد يلطف البعض الأمر بحيث يستخدم كلمة "الحرب" بالمعنى السياسي أو السلمي، وهذا البعض يعتقد أنه يجوز ذلك في السياسة كما يجوز فيها أيضاً الكذب والنفاق بحسب تصريحات الكثيرين من أهل السياسة وهذا ما لا نوافق عليه إطلاقاً. فالحرب هي الحرب التي تهدم وتدمر وتلغي الآخر مهما حاولنا تلطيفها واستعارة الأدوات لتجميلها. نكتفي بهذا ونأمل، رأفة بهذا الوطن الجريح الذي عانى أهله شتى أنواع العذابات، ألا تتحول الحرب عن مجراها "السياسي" إلى مجراها الميداني..

وهنا يكمن بيت القصيد.
هل نأمل بزوال الأزمة السياسية القائمة في ظل التصريحات النارية التي تطلق من هنا وهناك..؟
هل ننتظر ولادة لبنان الجديد الذي يبشر به الجميع، مع فقدان الأمان وتحطيم الآمال..؟
هل يستعيد الوطن عافيته بترسيخ التبعية والاصطفاف الطائفي الآخذ بالتوسع أفقياً وعامودياً..؟
هل نصدق أن من يمارس مثل هذا الهذيان "السياسي"، يعمل من أجل إنقاذ الوطن..؟
نقولها بالفم الملآن وبأسف عميق.. لا حتماً لا! لا يمكن أن يتم إنقاذ لبنان على يد من يفتقر إلى أبسط قواعد الآداب والحوار البناء..

إزاء هذا الواقع الذي يعيشه لبنان، حاولنا مراراً تحليل ظاهرة العدائية المفرطة وغير المبررة التي يتعامل بها أهل السياسة تجاه بعضهم البعض وخاصة بين فريقي 8 و14 آذار إذ يخيل إلينا، نحن جمهور المستمعين والمشاهدين، أن الحوار الدائر لا يتناول قضايا سياسية وإنما أموراً شخصية يمس الشرف الرفيع بالأذى. غير أننا لم نتوصل إلى حل اللغز. الكل يعرف أن أهل السياسة في لبنان، أو على الأقل أغلبهم، منقسمون إلى أحد فريقي 8 و14 آذار وبالتالي إلى مشروعين سياسيين متباعدين لكل منهما تبعات داخلية وخارجية، ويعمل كل فريق للسيطرة على السلطة لتنفيذ مشروعه السياسي. وفي مثل هذا الواقع، من المفترض أن يطلق الحوار بينهما للخروج فيما بعد بتوصيات توفيقية وتسويات ملائمة تحفظ البلد من الفوضى والعبثية. إلا أن الذي لا نعرفه ولا نفهمه هو ذلك الاصرار على بعض المواقف المتشددة حتى ولو أدت إلى أن تكون حياة الوطن على "كف عفريت"..

بقي أن نتوجه إلى أهل السياسة الكرام لنطالبهم في أن يفكروا ملياً بما تقترفه أياديهم، وأن يعملوا لإنقاذ الوطن وليس للقضاء عليه..!

المؤامرة منا وعلينا..

2012/3/29

تتوالى الأحداث في منطقة الشرق الأوسط بوتيرة تصاعدية متسارعة بشكل تكاد تجعلنا ننصرف عما يحصل في الداخل اللبناني من عبث بالأمن واستشراء في الفساد وتعميق في الطائفية، إما لعدم أهميته أصلاً بالنسبة للأوصياء العابثين بالأمن أو ربما لأنه أقل أهمية مما يدبر على صعيد المنطقة الاقليمية بشكل عام. والواقع، بخلاف ما يعتقد البعض، لا يمكن فصل ما يحدث في لبنان عما يحدث في المنطقة العربية والمشرقية خاصة، ذلك أنه يعتبر حلقة في سلسلة التدابير أو الاجراءات التي يتم تنفيذها بإحكام وعن سابق تصور وتصميم وغايتها في النهاية تفكيك المجتمع والاستيلاء على موارده الطبيعية. وقد يظن القارىء أننا، فيما نقول، نعني "فصول مؤامرة" تمتد أصابعها إلى كل ناحية وتعبث في كل مكان من غير أن يكون لنا رأي أو يد فيها، بينما نرى العكس تماماً إذ نوضح ونؤكد على رأينا المتواضع بوجود مؤامرة ولكنها ليست من صنع إرادة خارجية بقدر ما هي من صنع إرادتنا وأدواتنا المحلية.

وهنا نسأل ونتساءل:

- هل تحمل المؤامرة ـ إذا جاءت من الخارج ـ بذور العصبيات الطائفية التي تزرع في نفوس المواطنين وتجعلهم رهينة القوى السياسية التي تحمي المرجعيات الدينية..؟ هل تحمل المؤامرة مثل

المقترحات الجديدة المبتكرة التي نسمعها من هنا وهناك بدءاً من اللقاء الارثودكسي، ومروراً باللقاء الماروني وإلى سائر اللقاءات الاسلامية والوجوه العاملة على الساحة في إطار الطائفية السياسية. هل تعني المؤامرة القبول بقانون النسبية الطائفية الذي يعتبر بأنه يجب على النائب الذي يمثل طائفته في مجلس النواب، أن ينتخب من قبل هذه الطائفة بالذات وإلا كان تمثيله غير شرعي.. لقد فات هؤلاء المتبجحين والمتطفلين على السياسة والقانون، والقانون الدستوري خاصة، بأن النائب في المجلس النيابي يمثل الشعب اللبناني بأسره وليس الطائفة التي ينتمي إليها. وأي تعديل في هذا المنطق هو طعن في الديمقراطية التي نتغنى بها ليل نهار والتفاف على العلمانية التي هي مطلب وطني، وإن حاول السياسيون الطائفيون التسويق لـ"التوافقية الديمقراطية" التي هي بدعة تمويه بوجه المطالبين بالعدل والمساواة على أساس المواطنة والحقوق المدنية.

- هل تحمل المؤامرة - إذا جاءت من الخارج - نماذج السياسة اللبنانية التي تقوم على التجاذب والتجريح والاتهام والتخوين..؟ هذه الأفعال يعاقب عليها القانون إذا ما حصلت من قبل مواطن عادي. بينما هي بحمى فريقي أو أفرقاء النزاع عندما تحصل من قبل أحدهم، إذ يضربون القوانين بعرض الحائط ويعتبرون أن هذه الممارسات الوقحة والتي تؤذي شعور كل مواطن، هي مقبولة في السياسة. وكأن السياسة في لبنان هي الحصانة التي يختبىء وراءها السياسيون الخارجون على القانون..

- هل تحمل المؤامرة - إذا جاءت من الخارج - أصول السرقات والاحتجازات والاغتيالات والعبث بحقوق الغير..؟ ألا يكفي ما عاناه المواطن في لبنان من شر الحروب الأهلية وما رافقها من خطف وقتل ونهب وتعذيب.. فبدلاً من أن يكون لنا وقفة تأمل

ومراجعة للذات بحيث نسقط القناع ونكشف الحقائق، ترانا نشجع على ارتكاب المزيد من الانتهاكات بأساليب متطورة ونضيف على آلام الماضي جراحاً نازفة..

ففي مراجعة سريعة لما تضمنته هذه الكلمات القليلة، نقف على أصل الداء الذي ينحر بشعبنا لنقول: إن الذي يزيد في بعثرتنا وتشرذمنا ليست المؤامرة التي جاءت إلينا من الخارج بل هي المؤامرة التي أردناها لأنفسنا بفعل أيدينا. والحرب التي تدور رحاها، هي حربنا نحن وليست "حرب الآخرين على أرضنا" كما طاب للبعض أن يصورها في وقت من الأوقات.
وهذا لا يعني بأي حال أنه ليست هناك مؤامرة من الخارج، وعلينا أن نتحصن بوحدتنا الوطنية للوقوف بوجهها، ولكن هذه الأخيرة لها ما يبررها ومن يغذيها ولكن.. ما الذي يبرر المؤامرة التي جاءت منا وعلينا..؟

الفتنة في لبنان.. بانتظار ساعة الصفر!

2012/9/2

لا شك بأن الذي يحصل في لبنان اليوم، من فلتان أمني وسياسي، لهو انعكاس للحالة السورية الراهنة وإن لم يكن بالعمق والمظهر اللذين يظللا المشهد السوري الآخذ بالتعقيد يوماً بعد يوم. ومن الواضح أنه مهما حاول لبنان الابتعاد وعدم التدخل أو "النأي بالنفس" عما يجري هناك، فإن الواقع الطبيعي الذي يفرض نفسه في جميع الحالات، هو أقوى من الهروب والتلطي بتفسيرات غير واقعية. فلبنان وسورية بلدان متداخلان شعباً وأرضاً، تاريخاً وجغرافيةً، ولسنا بحاجة في كل مرة إلى ترديد وتفسير العوامل التي أصبحت من الثوابت والشعارات التي يؤكد عليها جميع الأفرقاء السياسيين بدون استثناء.

وبناء على ما تقدم، فإن اللبنانيين - والقياديين بشكل خاص - الذين يتابعون ويراقبون ما يحصل على الأرض السورية، مدعوون إلى التدخل بالأزمة السورية وليس العكس، كما يريده أصحاب رأي "النأي بالنفس"، ذلك أن الأمر هو حق لهم كما هو واجب عليهم لأن تفاقم الأزمة يجر إلى المزيد من القتل والتدمير والاستنزاف، في سورية كما في لبنان، وليس من رابح أو مستفيد في النهاية سوى العدو الصهيوني الذي يشمت بمواقفنا الهزيلة ويسخر من ضبابية الرأي لدى قياداتنا. ففي مرحلة الأزمة القائمة في سورية اليوم، لا نرى مبرراً لمن يزايد في لبنان ويدعي التمسك بالسياسة التي ينتهجها النظام في مواجهة مواطنيه كما لا نرى ما يبرر تأييد البعض الآخر للحركات المسلحة التي يقوم بها المعارضون في شوارع دمشق وحلب ودرعا وغيرها. فلمن الغلبة في مثل هذه الصدامات المسلحة طالما أن ضحاياها تقتصر في غالبيتها على

الأطفال والمواطنين العزّل. وليس هذا ما يرمي إليه النظام حتماً كما أنه ليس هدفاً للمعارضة كذلك. فلا بد من وقفة ضمير وإعادة نظر في المواقف كما في القرارات.

لا نريد أن نرتدي الزي العسكري لندخل بتفاصيل الأسباب التي أدت إلى هذه الحرب الطاحنة. كما لا نرغب في إجراء فحوصات نوعية تحت مجهر "داللوز" لنرى إذا كان ما يجري يتفق مع القانون أم أنه يخالفه. ولا نريد أن نعرف إذا كانت هناك مؤامرة من الخارج أو الداخل على سورية. ففي حالة الفلتان الأمني في أي بلد من العالم، من الطبيعي أن تخرق الصفوف الطوابير الخامسة والأيادي السوداء، مع العلم أنه لم يكن عالمنا العربي في يوم من الأيام بمنأى عن المؤامرات الخارجية (من الشرق أو من الغرب). لسنا هنا في معرض لتحليل الأحداث الراهنة في سورية، فالمحللون والمنظرون كثيرون وهم يملأون فراغ الفضائيات والأرضيات على أكمل وجه. وجل ما نتطلع إليه هو أن تتحرك القيادات السياسية في لبنان لتقوم بدور ما أو مبادرة تخرج الشعب السوري من خناق الحرب الدائرة. وليرجع كل فريق إلى ذاته الانسانية ويمد اليد للفريق الآخر. فإذا كانت السياسة قد جعلت من السياسيين فريقين متخاصمين، فلتجعل الانسانية منهم فريقاً لبنانياً واحداً موحداً يعمل من أجل وقف النزيف بين السوريين بأي ثمن. ويكون هذا بالتدخل مباشرة بين طرفي الأزمة وإيجاد الصيغة الملائمة لفض النزاع.

رب سائل منتقد لهذا الطرح يقول: كيف يمكن لفريقي 14 و8 آذار أن يجتمعا وقد بلغت الخلافات والتحديات والاتهامات بينهما حداً بعيداً تبدو العودة عنه مستحيلة. وقد تكللت حدة هذه الخلافات بالتظاهرات التي خرجت يوم 28 آب المنصرم، الأولى التي تشجب النظام وتؤيد حركة المعارضة والثانية التي تؤيد النظام

وتتهم الفريق الآخر بالارتماء بأحضان المؤامرة، هذا فضلاً عن السجالات اليومية في المنتديات والصحف وشاشات التلفزة.
ورب مستغرب آخر يقول أنه من سابع المستحيلات أن يلتقي الفريقان على رأي واحد، حتى ولو كان من البديهيات، والتاريخ يشهد أن ما من أمر اتفقا عليه منذ العام 2005 حتى تاريخه. لا بل أن الأزمة تتفاقم وإمكانية اللقاء بينهما تتقلص مع مرور الأيام، خاصة في الأسابيع الماضية عندما ارتفع سقف الانتهاكات والمناكفات واشتدت حركة الخطف والقتل والظهور المسلح.
إننا لا نخالف المنتقدين والمستغربين الرأي قطعاً، لا بل يبادرنا شعور بالخوف أكثر مما يتصورون. إن الذي يبدو في الأفق، لم يعد مجرد منبر تطلق من فوقه الخطابات والتهديدات والافتراءات وحسب، وإنما مسرحاً تصطف عليه مجموعات من هنا وأخرى من هناك لإحداث الفتنة في لبنان.. بانتظار ساعة الصفر! فهل نستسلم لهذا الواقع ونحن نسمع بآذاننا دق الطبول؟
إننا إذ نأمل في أن يرجع الفريقان إلى ضميرهما الوطني والانساني، نذكرهما بكلام يتردد في كل مقابلة إذ يقول واحدهما عندما يصاب بالإحراج: تجوز التهديدات والاتهامات في السياسة..؟؟ سنسلم جدلاً بهذه المقولة التي لم نوافق عليها يوماً لأن السياسة، بنظرنا، هي قيمة مضافة في حياة الانسان والمجتمعات البشرية قوامها الصدق والحق ونظافة الكف وحفظ اللسان. ولكننا سنطلب من الجميع أن نترك السياسة و"ما يجوز فيها وما لا يجوز" جانباً، طالما أننا نتحدث عن موقف إنساني أكبر من السياسة وأعظم من الايديولوجيات. لعل ما حدث في الأيام القليلة الماضية كفيل بأن يضعنا على المحك ويحثنا إلى مراجعة نقدية من أجل تفادي الآتي الأعظم..

الفهرس

الإهداء	7
المقدمة	9
تمهيد	13
ماذا أقول فيك يا وطني..	19
إلى فخامة الرئيس لحود مع أطيب التمنيات..	23
مؤتمر العرب ومعركة السلام..	27
تحديات الانتصار	31
القائد المنتصر..	35
13 نيسان، يوم الاستغفار الوطني	39
من أجل حوار وطني..	43
من نشوة الانتصار إلى حكمة القرار	47
القمة الفرنكوفونية وحوار الثقافات	51
الفرادة الدستورية	55
التحرير فعل إرادة وممارسة مستمرة	59
في مواجهة التحديات وحماية الوطن	63
الأجل آت ولو بعد حين	67
انعدام الرؤية واستمرار الليل الطويل	71
عندما تتحول مياه الخراطيم إلى رصاص قاتل	75
المطالب الأميركية.. من أجل من؟	79
لخضوع بالتوقيع أو بالقبول	85
قراءة في مواقف التعديل والتمديد	89
التمديد والتدويل والحقد الذي لا يزول	95
الرئيس لحود والرعاية الدولية	99

الفهرس (تابع)

كتاب مفتوح إلى الرئيس لحود	103
الأزمة اللبنانية بين مؤتمر الخرطوم ومؤتمر الحوار	107
مرة ثانية.. قانا عنوان لمجزرة	111
سيداتي سادتي.. إنني أعلن سقوط الدهشة	115
المشروع القومي على رمال متحركة	119
جمهورية لحود.. هل تكون آخر الجمهوريات اللبنانية؟	123
لبنان المبادرات والابتكارات	127
لبنان الغالب أو المغلوب	131
يا شباب لبنان.. تبلغوا وبلغوا..!	135
المحكمة الدولية بين التحذير والتهليل..	139
قبضة الإرهاب وسقوط الجمهورية	145
ماذا ينتظرنا عندما يسقط الوطن	149
الاستحقاق الرئاسي بين تعويم النظام وإسقاطه..	153
تفاقم الأزمة وانحلال الوطن	159
إلى فخامة الرئيس سليمان مع أطيب التمنيات..	163
بحر من الظلام	169
رئيس توافقي حتى إشعار آخر	173
من أجل خطاب وطني موحد	177
لبنان تحت المجهر الأميركي	181
إلغاء الطائفية السياسية مع وقف التنفيذ	185
بين التكليف والتأليف.. قراءات بغير محلها	189
لإنقاذ الوطن أم للقضاء عليه؟	193
المؤامرة منا وعلينا!	197
الفتنة في لبنان.. بانتظار ساعة الصفر..	201

المؤلف: محطات إعلامية واجتماعية

النشاطات الإعلامية:

- مؤسس ورئيس المركز الاستشاري للإعلام
- ناشر ورئيس تحرير مجلة "أضواء"
- ناشر ورئيس تحرير جريدة "الجالية"

النشاطات الاجتماعية:

- عضو مركز الجالية العربية الكندية في تورنتو
- عضو مؤسس لجامعة اللبنانيين الكنديين
- عضو الاتحاد العالمي للمؤلفين باللغة العربية
- رئيس سابق لمجلس الصحافة الاثنية في كندا
- رئيس سابق لرابطة الإعلاميين العرب في كندا
- مؤسس ورئيس مركز التراث العربي في كندا
- مؤسس ورئيس المهرجان الكندي المتعدد الثقافات
- مؤسس ورئيس رابطة المؤلفين العرب في كندا

الجوائز التقديرية:
من قبل الجهات الرسمية والأهلية التالية:

- رئاسة الحكومة الكندية الفدرالية
- رئاسة حكومة أونتاريو
- بلدية تورنتو الكبرى
- مركز الجالية العربية في تورنتو
- مجلس الصحافة الإثنية في كندا
- الجمعية الدرزية الكندية في أونتاريو
- رابطة المسلمين التقدميين في كندا
- رابطة الأطباء العرب في شمال أميركا
- الإتحاد العالمي للمؤلفين باللغة العربية
- جمعية "عالم إنسان بلا حدود" - بيروت، لبنان

صدر للمؤلف

- كتاب ''الأبله الحكيم''
الطبعة الأولى (1974) الطبعة الثانية (2009) الطبعة الثالثة (2011)

- كتاب ''أصداء وأضواء'' (1978)

- كتاب ''كلمات بلا حواجز''
الطبعة الأولى (2009) الطبعة الثانية (2011)

- كتاب ''أوراق حائرة''
الطبعة الأولى (2009) الطبعة الثانية (2012)

- كتاب ''بيت التوحيد بيت العرب'' (2009)

- كتاب ''الوصايا العشر''
الطبعة الأولى (2011) الطبعة الثانية (2013)

- كتاب ''سقوط الجمهورية'' (2013)

- كتاب ''أقلام صادقة'' ـ الجزء الأول (2014)

- كتاب ''أقلام صادقة'' ـ الجزء الثاني (2014)

- كتاب يوسف مروه ـ ''التبادل الثقافي بين الشرق والغرب'' (2019)

- كتاب سعيد تقي الدين ـ ''الفكر الحاضر المغيّب'' (2020)

- كتاب ''إضاءات'' (2021)

- كتاب ''وجهة سير'' (2022)